Study on Legal System of Administrative Certification of Work Injury in China

我国工伤行政认定法律制度研究

靳业葳 / 著

中国法制出版社
CHINA LEGAL PUBLISHING HOUSE

图书在版编目 (CIP) 数据

我国工伤行政认定法律制度研究 / 靳业葳著 . —北京：中国法制出版社，2020.1

ISBN 978-7-5216-0587-7

Ⅰ . ①我…　Ⅱ . ①靳…　Ⅲ . ①工伤事故—伤害鉴定—研究—中国　Ⅳ . ① D922.544

中国版本图书馆 CIP 数据核字（2019）第 217345 号

责任编辑：李宏伟　　封面设计：杨泽江

我国工伤行政认定法律制度研究

WO GUO GONGSHANG XINGZHENG RENDING FALÜ ZHIDU YANJIU

著者 / 靳业葳

经销 / 新华书店

印刷 / 北京京华虎彩印刷有限公司

开本 / 710 毫米 ×1000 毫米　16 开　　印张 / 12　字数 / 166 千

版次 / 2020 年 1 月第 1 版　　2020 年 1 月第 1 次印刷

中国法制出版社出版

书号 ISBN 978-7-5216-0587-7　　定价：42.00 元

北京西单横二条 2 号　邮政编码 100031　　传真：010-66031119

网址：http://www.zgfzs.com　　**编辑部电话：010-66054900**

市场营销部电话：010-66017726　　**邮购部电话：010-66033288**

（如有印装质量问题，请与本社印务部联系调换。电话：010-66032926）

目 录
CONTENTS

第二章　我国工伤行政认定法律制度的历史嬗变

第三章　我国工伤行政认定法律制度的弊病

第四章 域外工伤行政认定法律制度的发展与借鉴

第五章 我国工伤行政认定法律制度的完善

引　言

一、问题缘起

目前，我国对于工伤行政认定的研究成果主要集中在认定范围、认定程序、认定时效等涉及具体法条的研究方面，对于工伤行政认定形成的理论基础及法律制度框架、适用性等重要问题的研究较少。受到研究者研究方法、研究条件、研究内容、研究目的等方面的限制，现有的研究成果无法为我国整体的工伤行政认定法律制度的建构提供有力支持，也难以为解决现实的工伤行政认定法律问题提供充分的理论依据。

从我国工伤行政认定的基本理论研究来看，学术界对于工伤行政认定概念的研究主要集中在国际劳工组织对于工伤的定义和《工伤保险条例》第一条的界定上，并未考虑到工伤事故现实问题及发展趋势，对于理念和原则的研究涉猎甚少。而理论的滞后、立法的缺失严重限制了工伤行政认定法律功能的发挥，更无法公平、公正地对劳动者的合法权益进行有效保护。

从工伤行政认定的制度运行实践来看，现行的工伤行政认定存在着诸多立法及运用机制上的弊病，行政机关无法对工伤行政认定法律制度进行有效实施；在工伤行政认定的范围和标准方面，无法全面适用于当下的相关工伤事故。旨在能够高效解决受伤劳动者救治及赔偿的“良法”，已经转化为用人单位逃避保险缴纳义务，降低赔付费用的“恶法”。

从未来的发展趋势看，我国的“供给侧结构性改革”仍将继续进行，随之而来的是大量劳动者的行业转变，而这种跨行业的转变为劳动者带来了更多的事故风险，所以工伤行政认定必须进一步适应未来不断变化的事故类型与病症种类，这也是我国在改革过程中需要面对和急切解决的重要问题。因此，对工伤行政认定进行结构性的规范性分析和理论研究非常必要。

二、研究现状

我国工伤行政认定的研究虽取得了一定的阶段性成果，但以工伤行政认定为主题的论著相对缺乏，理论分析与制度构建方面的著作更为少见。以工伤行政认定或工伤认定为主题进行理论研究的，笔者经查阅仅有杨科雄所著的《最新工伤认定规则与适用》一书，但该著作是以案例分析的角度，对工伤行政认定的法律适用和事实认定问题进行阐述，并未对工伤行政认定的理论加以分析。而其他研究成果也主要注重于工伤行政认定的实证研究，未兼顾工伤行政认定理论与实务的结合。从笔者当前掌握的相关资料来看，对于工伤行政认定的已有研究，主要分为以下几个方面。

（一）基础理论的研究

工伤行政认定法律规范的体系性缺失，导致研究缺乏法律规范基础，有的侧重于总体的社会保险法治的基本原理、基本原则、法律关系的原理性研究，工伤行政认定仅是作为其一部分构成进行阐述，如郑尚元、扈春海著的《社会保险法总论》。[①] 有的研究贴近实务，主要是对常见的典型工伤行政认定纠纷进行梳理，将法律、法规内容结合案情进行分析，如冯秋

① 郑尚元、扈春海：《社会保险法总论》，清华大学出版社 2018 年版，第 1 页。

菊的《工伤认定与索赔计算标准》[①]。也有学者通过分析具体案例，提出对工伤行政认定概念的理解，指出工伤行政认定与社会保险的主要价值关怀理论。[②]还有的将研究集中在工伤保险与其他法学相连的交叉领域上，如何君、田源主编的《侵权赔偿纠纷裁判思路与裁判规则》[③]，将工伤行政认定纳入侵权赔偿的研究范围。可以说，学术界对于总体的工伤保险领域的研究较多，但对工伤行政认定的专门研究较少。仅有的较为零散的研究成果对工伤行政认定的基本理论问题也未达成共识。

一是对工伤行政认定概念的理解上，有学者认为工伤行政认定是一种行政理赔行为。即工伤行政认定可定义为：社会保险行政部门依据《工伤保险条例》的规定，在行政权主管范围内，根据职工及其近亲属、工会组织法定期间内的申请，在法定期间内作出是否赔付工伤保险待遇的行政理赔行为。[④]也有学者认为工伤行政认定是工伤理赔的一种前置性行为，是指国家有关部门根据国家政策、法规的规定，确定职工受伤是否属于工伤范围、是否符合工伤的基本条件。[⑤]有学者认为，工伤行政认定是行政部门依劳动者的申请所为的行政确认行为。[⑥]也有的认为，工伤行政认定是劳动行政部门依据法律的授权对职工因事故伤害（或者患职业病）是否属于工伤或者视同工伤给予定性的行政确认行为，体现了工伤认定机构对工伤相关法规规定的工伤范围的认知和判断。[⑦]还有学者认为，工伤行政认定就是相关认定机构依据有关法律法规作出的，对劳动者因事故伤害或者

---

① 冯秋菊：《工伤认定与索赔计算标准》，中国政法大学出版社 2017 年版，第 1 页。

② 李雄：《劳动法理论与实务——热点难点问题研究》，法律出版社 2016 年版，第 239～288 页。

③ 何君、田源：《侵权赔偿纠纷裁判思路与裁判规则》，法律出版社 2017 年版，第 1 页。

④ 董钦臣：《工伤认定概念研究》，载《人民司法》2016 年第 4 期，第 81 页。

⑤ 胡炳志、张颖：《论完善中国工伤认定制度》，载《社会保障研究》2010 年第 4 期，第 35 页。

⑥ 王冬青：《工伤认定与劳动仲裁对劳动关系确认的冲突分析》，西北大学 2015 年硕士学位论文，第 5 页。

⑦ 黎建飞：《最新工伤保险条例热点、难点、疑点问题全解》，中国法制出版社 2011 年版，第 95 页。

患职业病是否属于工伤进行确认的具体行为。[①]如何理解工伤行政认定的基本概念，作为工伤行政认定的理论研究的逻辑起点，学术界众说纷纭、莫衷一是。

二是对工伤行政认定原则的理解，有学者提出了“一原则说”，认为工伤行政认定必须坚持一个最基本原则，即优先保护职工利益与兼顾企业利益相结合的原则。[②]也有学者提出了“三原则说”，认为工伤行政认定的原则有“雇主无过错责任原则”“倾斜保护劳动者原则”“工伤认定法定原则”。[③]还有学者提出了“四原则说”，即“依法履职原则”“伤病分离原则”“有利职工原则”“重在说理原则”。[④]此外还有“六原则说”，认为工伤行政认定应当遵循的原则有“依法认定原则”“合情合理原则”“保护职工原则”“有效证据证明原则”“统筹兼顾原则”“‘工作原因’推定原则”。[⑤]这些原则的提出多以劳动和社会保障法的角度而非行政法的视角，缺乏宪法的人文关怀以及行政法的规范基础。

（二）法律适用的研究

目前主要集中在工伤行政认定范围和标准方面的研究，主要的观点有“急性伤害说”“伤亡事故说”“人身伤害与职业病说”和“法律事件说”。

对于“急性伤害说”，有的学者认为，工伤行政认定的范围包括职工在劳动过程中因执行职务业务而受到的急性伤害。[⑥]有学者从语义学上分析认为，工伤行政认定范围中的“工”，就其本质而言，是指职工在劳动过程中

---

① 郑尚元:《工伤保险法律制度研究》，北京大学出版社 2004 年版，第 56 页。

② 黄月华:《工伤认定的基本原则与标准探析》，载《南京工业大学学报（社会科学版）》2002 年 4 月，第 41 页。

③ 曹艳春、马玉宝、闻德生:《我国工伤认定一般原则研究》，载《燕山大学学报（哲学社会科学版）》2010 年第 1 期，第 91 ～ 93 页。

④ 谢咸民、刘杰:《工伤认定应遵循的基本理念和原则》，载《山东劳动保障》2007 年第 9 期，第 18 页。

⑤ 王丽:《工伤认定应遵循的原则》，载《社会保障》2008 年第 4 期，第 35 页。

⑥ 杨紫煊:《经济法》，北京大学出版社 1999 年版，第 525 页。

执行职务业务的行为，既可能是在工作地点和工作时间内，也可能是在其他地点或时间。工伤行政认定范围中的“伤”，即职工在劳动过程中所受到的急性伤害即伤亡，包括负伤、伤残、死亡。①

对于“伤亡事故说”，有学者认为，工伤行政认定范围包括工作中发生的意外事故和职业病造成的伤残或死亡。②

对于“人身伤害与职业病说”，主要观点有工伤行政认定的范围指劳动者在生产劳动过程中，由于劳动条件、工作环境、意外原因等导致的劳动者的人身伤害以及职业病。③还有学者认为工伤行政认定的范围包括企业职工在生产工作岗位上，从事与其生产劳动有关，或者是因劳动作业环境等原因所引起的人身伤害事故或职业病。④也有的学者在阐述工伤行政认定的范围时，进行了具体化的论述，将造成工伤事故的表现形式与具体情形进行了列举。例如，认为工伤行政认定的范围包括因用人单位事故或职业病所造成的伤亡，是指发生在生产经营过程中，即在工作地点、工作时间内完成生产任务过程中发生的伤害。⑤工伤事故分为车辆伤害、起重伤害、物体打击、机械伤害、灼伤、触电、淹溺、高处坠落、放炮、火灾、冒顶、坍塌、透水、瓦斯爆炸、火药爆炸、容器爆炸、锅炉爆炸、其他爆炸、窒息和中毒、其他伤害 20 种。⑥

对于“法律事件说”，有学者从劳动关系的视角分析工伤行政认定的范围，指的是在合同劳动关系或事实劳动关系存续期间，劳动者为履行劳动义务因无法回避的客观风险而造成劳动者人身损害的法律事件。⑦

---

① 王全兴：《劳动法学》，高等教育出版社 2004 年版，第 376 页。

② 郑尚元：《工伤保险法律制度研究》，北京大学出版社 2004 年版，第 30 ～ 31 页。

③ 朱崇实：《社会保障法》，厦门大学出版社 2004 年版，第 176 页。

④ 徐康平：《劳动工伤事故保险与损害赔偿》，人民法院出版社 2002 年版，第 114 页。

⑤ 孙树菡：《工伤保险》，中国劳动社会保障出版社 2007 年版，第 2 页。

⑥ 郭悦：《论工伤认定法律制度的科学化》，中国政法大学 2009 年硕士学位论文，第 5 页。

⑦ 崔巍、宋锦生：《工伤认定中若干法律问题探讨》，载《行政法学研究》2005 年第 2 期，第 125 页。

目前，现有观点大多认为，工伤行政认定的范围包括工作意外事故和职业病所致的伤残和死亡，既包括劳动者在直接从事生产经营活动时所遭受的各种伤害，也包括劳动者在非直接从事生产经营时所遭受的各种伤害，如职业病、劳动者上下班途中遇到的交通事故等。[①] 也有学者以实证分析为研究视角，提出了对工伤行政认定在实践层面的梳理。[②] 还有的以具体条款为基础的法教义学为研究方向，如有学者是从工伤行政认定申请时效的角度进行研究。[③] 也有学者对工伤行政认定的范围扩展空间进行研究。[④] 还有学者是从视同工伤的具体条款适用进行研究。[⑤]

（三）司法救济的研究

有学者从工伤行政认定的基本原则、工伤行政认定中的程序主体、劳动关系、认定标准、法律适用、认定事实、认定程序等方面对工伤行政认定在当前的司法实践中的运用进行说明。[⑥] 也有学者是从工伤行政认定的救济程序出发进行研究[⑦]。

总的来说，工伤行政认定的研究更多集中在工伤保险制度的论述上，对于工伤行政认定并未形成行政法上的话语体系，更谈不上对于工伤行政认定的系统的学科共识。由此可见，专门以行政法的视角对工伤行政认定进行系统研究尚付阙如，然而对工伤行政认定进行行政法上的研究不但具有一定的理论价值，对规范工伤行政认定行为以及保障受伤劳动者的合法权益，也具有重要的现实意义。质言之，对工伤行政认定的研

---

① 游杰：《工伤认定法律问题研究》，南昌大学 2009 年硕士学位论文，第 3 页。

② 宋艳慧：《工伤保险判例教程》，知识产权出版社 2017 年版，第 1 页。

③ 郑玮芳：《辨析工伤认定申请时限》，载《中国医疗保险》2015 年第 7 期，第 61 ～ 62 页。

④ 莫湘益：《工伤认定范围探究》，载《北京市计划劳动管理干部学院学报》2003 年第 4 期，第 22 ～ 25 页。

⑤ 李海明：《依“48 小时条款”之病亡的工伤定性》，载《法学》2016 年第 10 期，第 12 ～ 22 页。

⑥ 杨科雄：《最新工伤认定规则与适用》，法律出版社 2015 年版，第 1 ～ 5 页。

⑦ 卢祖新、龚海南：《对工伤救济程序的反思》，载《人民司法》2012 年第 1 期，第 99 ～ 103 页。

究具有紧迫的必要性。与此同时，我国多年以来的工伤行政认定法律制度的实施所积累的经验，也为工伤行政认定的理论研究，提供了丰富的研究素材。从这个意义上说，我国工伤行政认定法律制度的研究，也具有现实可行性。

三、研究方法

由于工伤行政认定本身不是一个纯粹的基础理论问题，而是跨多学科、具有历史纵深的实践问题，因此应当运用综合的方法对工伤行政认定进行分析。为实现预期成果，在研究过程中，笔者拟采取以下研究方法。

（一）语义逻辑分析法

法律规范是通过文字所表现出来的，文字是法律规范的载体，各种文字组成的各种概念构成了具有严谨逻辑结构的法律规范。对工伤行政认定使用语义逻辑方法进行分析，能够在工伤行政认定法律规范的外观层次上保持文字性的法律和文字性的分析之间的对应，从而防止分析方法与分析对象之间产生偏离，使用语义逻辑分析法就是自然地和以文字为载体的法律理论形成逻辑对接。在对工伤行政认定的相关概念的界定问题上，要注意其语义与逻辑，正确地掌握界定概念的方法和步骤是科学地认识工伤行政认定的基本方法。掌握这一基本方法也是能够对现行学说中关于各种工伤行政认定概念界定是否准确科学的识别器，这也是推动本书深入研究的重要基础。

（二）历史分析法

历史分析法是思考问题的一个重要的视角和研究方法。将问题的思考建立在对历史事实的时间维度的分析上，才能在弄清分析对象的既往演进规律的基础上把握其未来的发展趋势。对工伤行政认定的考察，必须从历史的视角观之，主要从三个方面进行：一是回溯和考察工伤行政认定法律制度的历史演进过程，这是解决工伤行政认定相关问题的基本前提。二是运用历史的纵深视角对工伤行政认定法律制度进行论证评析。三是以注重历史与现实的对比和参照，以史喻今，古为今用。从工伤行政认定的历史发展中寻求对当下法律制度创新的经验。

（三）比较分析法

比较分析法是在法学研究中经常使用的方法。比较分析法的功能在于打破法学的狭隘视野，促进法律体系的形成与完善。在工伤行政认定的理论研究过程中，通过我国工伤行政认定法律制度与域外的比较分析，使研究的视野不再局限于国内，而是通过与域外其他国家的比较，探索工伤行政认定法律制度在发展过程中所存在的普遍性与特殊性，进而促进我国工伤行政认定法律制度的理论体系完善。而从实践的角度来看，比较分析法能够为我国工伤行政认定法律制度理论的完善提供创造性思路，有利于维护工伤行政认定法律制度建立的客观性。

（四）基于个案的实证分析法

对于工伤行政认定法律制度研究而言，个案的分析方法是必不可少的。它帮助本书从工伤行政案件中提取出一些基本的实证线索。个案实证的研究方法就是要强调进行调查研究，从实际出发，探求法律实践中案件本身的问题并从中提炼出可普遍适用的法律原理。对工伤行政认定法律制度的理论研究，必须结合工伤行政认定法律适用的个案进行分析，从而有助于工伤行政认定法理分析，使工伤行政认定的研究更有针对性，提出的建议更具可操作性，研究的结论更有说服力。

上述的几种研究方法之间相互补充，相互支撑。这些研究方法的综合运用有助于保证工伤行政认定的研究获得预期的成果。

四、研究内容

本书共由五章组成，第一章三要是对工伤行政认定的概念、理念、原则进行重新界定及阐述。重点是明确了工伤行政认定的概念，即工伤行政认定是指法定的工伤行政认定主体依受伤劳动者、用人单位等行政相对人的申请，依法在其职权范围内作出的对劳动者在用人单位就业过程中所导致的身心（Physical and Mental）损害是否属于工伤的行政确认行为。其中对于身体（Physical）的损害指的是劳动者在用人单位就业期间因工作原因而导致的人身有形损害。身体损害一般包括物理性损伤、化学性损伤、生物性损伤等，以及法律上通常提到的职业病伤害。心理（Mental）损害是劳动者在用人单位就业期间因工作原因而导致的内心损害或创伤。常见的心理损害应当包括事故后应激障碍和重度抑郁障碍，本书以此作为基础进行深入分析。我国工伤行政认定的概念在实际的法律法规中，并没有明确的表述，工伤行政认定的认定范围也仅通过《工伤保险条例》中列举式条款的使用。但随着经济社会不断发展，现今的事故类型与病症种类不断增加，伴随科学技术的不断更新运用而有了更加多样的变化，因此如何完善工伤行政认定法律制度具有极其现实的理论与实践价值，对于解决受伤劳动者的医疗救治、避免用人单位承担巨额经济压力、缓解社会矛盾都有着重要的意义。在现行法律法规无法对工伤事故进行全面覆盖的前提下，运用单一的理念无法对工伤行政认定进行分析，本书对于工伤行政认定法律制度的行政法理念基于一种“综合模式”的分析思路，即将“人权保障—权力控制—公共服务”这种综合理念作为研究工伤行政认定法律制度的行政法理念。工伤行政认定的基本目的是保障受伤劳动者的权益，本书以人权保障理念作为出发点。与此同时，行政主体在行使职权的过程中极易出现权力滥用的现象，因此在保障受伤劳动者基本人权的同时，应当对行政主体的权力加以控制，所以本书将权力控制理念作为平衡点。此外工伤事故所产生的影响在现实中并不仅仅局限于劳资双方，其对劳动者家庭及社会都会造成较大的影响，因此工伤行政认定法律制度的理论以公共服务理论作为连接点。通过对工伤行政认定法律制度构建的理念和概念的梳理与整合，将工伤行政认定法律制度的原则归纳为“法定原则”“正当程序原则”“效率原则”“科学性原则”“倾斜保护原则”以及“无过错责任原则”，并以此作为本书对于工伤行政认定理论研究的基础所在。

第二章对我国工伤行政认定法律制度的历史嬗变进行概括综述。通过对我国工伤行政认定法律制度在中华人民共和国成立之后至改革开放前的初建阶段、改革开放后的发展阶段、《工伤保险条例》建立后的完善阶段三个时期的工伤行政认定法律制度历史进行回顾，对我国工伤行政认定法律制度发展的历史进程进行了梳理。对于我国现行工伤行政认定法律制度的法律关系主体、行政程序、法律救济的现状进行了阐述。我国工伤行政认定现行法律制度主要有《社会保险法》《工伤保险条例》《工伤认定办法》以及各省市制定的地方性法规以及行政规章。在法律关系主体上，工伤行政认定的法律关系分为内部法律关系、外部法律关系和行政委托法律关系。具体在行政程序制度上包括：程序公开制度、案件审查制度、调查制度，并依据法定的程序步骤加以实现。如果行政相对人认为其合法权益受到行政主体实施的具体行政行为侵害时，可以通过行政复议和行政诉讼进行实现。

第三章从我国工伤行政认定法律制度的行政立法、行政主体、行政程序、行政救济制度等方面指出我国工伤行政认定法律制度存在的现实弊病。通过对行政立法的体系性、利益保护、科学性方面进行分析，指出我国工伤行政立法体系性的问题主要表现在立法层次低且不协调、公众参与性不足、保障性缺失。利益保护的问题主要表现在对受伤劳动者的倾斜保护制度缺失，认定对象范围过窄。科学性的问题表现在对于工伤行政认定范围过窄、部分概念尚需明晰、认定标准较为僵硬。在对行政主体制度的问题体现在组织体制不顺、职权不力、人员配备不足等方面，法律制度的程序问题主要体现在公正性偏失、效率性不足、矛盾性突出等方面，实践中工伤行政认定法律制度的程序一方面渐渐沦为用人单位拖延给付劳动者赔偿的常用手段，另一方面由于程序规范的内在不协调，使得工伤行政认定的行政主体在处理工伤行政认定过程中举步维艰。此外，现行的工伤行政认定的救济制度具有很大的局限性，尤其是行政复议未能很好地平衡工伤行政复议中各方的利益关系。而且救济制度中的矛盾冲突，极易造成救济程序冗长情形的产生，影响了劳动者权益的实现。

第四章涉及工伤行政认定法律制度的域外经验，工伤行政认定法律制度的创新，需要借鉴域外其他国家工伤行政认定法律制度的发展思路和经验。该章将对英国、德国、美国等域外国家的工伤行政认定发展的历史以及现行制度规定进行探究，并分析其对我国的工伤行政认定法律制度的启示。

第五章提出了工伤行政认定法律制度的完善建议，这是实现对受伤劳动者人权保障的现实需求，也是促进工伤行政认定行政法治的内在要求。笔者认为，在立法方面应当提升立法的权威性、增强对劳动者的倾向性保护、实现立法的科学化形成。在行政主体法律制度方面应促成工伤行政认定执法体制的变革、实现工伤行政认定主体职权的法定化、加强工伤行政认定主体的规范化、理顺工伤行政认定主体与相关主体之间的法律关系。在完善我国工伤行政认定行政程序方面，在程序公正的基础上、简化工伤行政认定的程序、优化工伤行政认定的证据制度。在完善行政救济制度方面，可以通过在行政复议阶段设立工伤行政认定合议委员会，在行政诉讼中尝试工伤行政认定的行政公益诉讼制度，以提升工伤行政认定的行政救济效率为根本目的，从而形成完备的工伤行政认定行政救济机制。

五、本书的主要创新与不足

在考察我国已有的研究成果的基础上，本书试图尝试进行以下理论创新：

一是重新界定了工伤行政认定的概念。本书的工伤行政认定是指法定的工伤行政认定主体依受伤劳动者、用人单位等行政相对人的申请，依法在其职权范围内作出的对劳动者在用人单位就业期间因工作原因所导致的身心（Physical and Mental）损害是否属于工伤的行政确认行为。其中身体（Physical）的损害指的是劳动者在用人单位就业期间因工作原因而导致的人身有形损害。身体损害一般包括物理性损伤、化学性损伤、生物性损伤等，以及法律上通常提到的职业病伤害。心理（Mental）损害是指劳动者在用人单位就业期间因工作原因而导致的内心损害或创伤。常见的心理损害应当包括事故后应激障碍和重度抑郁障碍。

二是确立以限制性雇佣关系界定工伤行政认定中劳动者与用人单位之间权利义务关系，并提出了工伤保险独立缴费的观点。通过限制性雇佣关系可以摆脱旧有的劳动关系认定，进而为未来实现工伤行政认定对象“全覆盖”奠定基础。而工伤保险独立缴费则为实现工伤行政认定对象“全覆盖”提供了技术支持。

三是提出建立就业安全局。将分散在应急管理部门的安全生产监督、安全防护检查，卫生计生委的职业健康卫生检查，社会保险部门的工伤保险费收缴政策制定、工伤行政认定、就业指导等相关职能进行整合，形成实质的协同管理，有利于减少现有机构或部门间相互协作的难度，有助于提升有关就业安全管理的协同绩效。优化解决了劳动者伤害事故的流程，有利于行政行为标准的统一，提升就业安全管理的科学性与规范性。

四是提出建立医疗协助机制。现如今在工伤行政认定过程中医疗机构只是负责受伤劳动者的治疗和出具诊断书，其与工伤行政认定主体之间缺乏必要的法律联系，并不符合工伤行政认定主体向医疗机构支付受伤劳动者医疗费用所形成的契约关系。本书认为从对受伤劳动者首诊到恢复就业期间，医疗机构应当向工伤行政认定主体履行定期提供医疗信息及医疗建议的报告义务。

五是提出在行政复议阶段建立工伤行政认定合议委员会。由于工伤行政认定过程中对于医疗技术、法律专业知识需求的特殊性，本书建议在行政复议阶段建立工伤行政认定合议委员会，该委员会的人员构建由行政人员、专家（包括技术专家，如医生、技术鉴定人员等；法律专家，如律师、学者等）、用人单位代表、劳动者代表、工会组织代表共同组成，从而确保工伤行政认定结论的公平性与科学性。

六是尝试建立工伤行政认定的行政公益诉讼制度。由于工业化的飞速发展，工业环境对于未来劳动者的职业病伤害范围将不断扩大，而职业病目录的更新速度无法与新兴疾病的发展速度相一致，因此尝试建立工伤行政认定的行政公益诉讼制度有助于维护劳动者的整体利益。

本书源于笔者从事多年的工伤行政认定工作实践中所遇到的困惑和问题，尽管在主观上期望能为工伤行政认定法律制度的完善提供学理上的支持，但由于理论功力的欠缺，本书的法理分析仍需进一步加强。在实践中，工伤行政认定涉及诸多部门法的知识，覆盖法学以外的很多学科，本书只是从行政法学的视角出发，重点研究工伤行政认定制度实践中的问题，对于其他部门法及学科研究成果的援引仍显不足。总的来说，工伤行政认定法律制度的完善是一个颇具挑战性的选题，对工伤行政认定中诸多实践问题的解决岂能寄望于此一书，但仍希望本书能为此贡献绵薄之力。

第一章

工伤行政认定法律制度概述

对工伤行政认定的法律制度的研究应以工伤行政认定的基本概念的明晰为逻辑前提，而工伤行政认定的制度完善则立基于基本理念，如人权保障、权力控制、公共服务的理念引领，而且行政法原则应贯穿于工伤行政认定法律实践中。这既是作为弱势的劳动者基本权利保障的要求，也是完善工伤行政认定法律制度的根本所在。

第一节 工伤行政认定及其制度的厘清

一、工伤行政认定的含义

（一）工伤的概念

工伤作为一种社会现象，是伴随着工业化生产而产生的。在工业革命之前，由于社会生产多是家庭手工作坊式的加工生产模式，生产活动规模及范围相对较小，因此社会对于工伤的概念及认识并不充分。但随着工业革命的发展，工业化不仅仅带来了先进的工业产品，而且随之而来的是更为残酷的工业伤害。劳动者在付出劳动力的同时，也付出了惨痛的伤亡代价。根据国际劳工组织（ILO）的数据，每年有超过 3.37 亿起事故发生在工作中，导致每年有超过 230 万人死于工伤事故。[①]

自 1884 年德国出台《事故保险法》，开始将工伤的概念引入立法以来，

① International Labour Organization：Safety and health at work，http：//www.ilo.org/global/topics/safety-and-health-at-work/lang-en/index.htm.

随着经济及社会的发展，工伤行政认定的范围也从最初的劳动中事故伤害，逐渐将劳动者在特殊劳动环境下的职业性疾病也囊括进来。1919 年法国对由铅及其组成物引起的职业病和由汞及其组成物引起的职业病引入立法，职业病开始被定义为满足一定条件的疾病。

在国际上最早作出工伤定义的是 1921 年的《国际劳工大会公约》，即工伤是“由于劳动者工作直接或间接引发的伤害事故”①。1944 年的国际劳工组织发布了《关于收入保障建议书》，其中规定：“凡应当给予职业赔偿的意外伤害事故，是指由于其职业所导致的外伤或疾病，而非因患者本身的故意或失误，所造成暂时性或永久性残废或死亡等，包括往来于就业场所时所发生的意外及在从事某种特殊职业所导致的疾病。”德国在其《社会法典》第七部中明确规定：工伤是指雇员在工作场所发生事故和与工作有关而产生的疾病。工作场所的事故不仅包括工作中实际发生的事故，还包括上下班途中发生的事故。与工作有关的疾病是指被保险雇员因其所从事的工作而受到约束的，并且列在“工作相关疾病条例”中的疾病，或者那些可用的医学知识能够表明其是由所完成的工作引起的。美国在其《1970 年职业安全与卫生法案》中将工作伤害解释为“因工作或在工作过程中造成的员工受伤，疾病或死亡”。日本在《劳动者事故补偿保险法》中将工伤定义为因与劳动者的作业有关的客观因素，或因作业行动及其他与作业有关等原因所造成的伤害。法国在《社会保障法典》中将工伤定义为“职业风险”，其中包括在工作地点从事工作所受到的意外伤害、在上下班途中发生的事故以及职业病。②

关于工伤的定义各种说法众多，而我国自 1996 年发布的《企业职工工伤保险试行办法》对工伤的范围作了明确规定以来，理论界对工伤也形成了一些不同的概念界定。例如，“急性伤害说”认为，工伤是指职工在

---

① 《工人日报》工会工作部：《国际劳工组织与劳工公约知识读本》，中国工人出版社 2002 年版，第 3 页。

② 徐康平：《劳动工伤事故保险与损害赔偿》，人民法院出版社 2002 年版，第 67 页。

劳动过程中因执行职务业务而受到的急性伤害，[①]或者是职工在劳动过程中因执行职务（业务）而受到的急性伤害。[②]“伤亡事故说”认为，工伤即职业伤害，包括工作中发生的意外事故和职业病造成的伤残或死亡。[③]而“人身伤害与职业病说”认为工伤指的是企业职工在生产工作岗位上，从事与其生产劳动有关，或者是因劳动作业环境等原因所引起的人身伤害事故或职业病。[④]也有的认为，工伤即职业伤害，是指劳动者（职工）在工作或者其他职业活动中因意外事故和职业病造成的伤残或死亡。[⑤]还有的认为，工伤是指劳动者在从事职业活动与职业责任有关的活动时遭受的人身伤害，包括事故伤害和职业病伤害以及这两种情况所造成的死亡。[⑥]对于持“法律事件说”观点的学者从劳动关系的视角分析认识工伤，认为工伤是无法回避的客观风险，并将工伤界定为一种法律事件。认为工伤是指在合同劳动关系或事实劳动关系存续期间，劳动者为履行劳动义务因无法回避的客观风险而造成劳动者人身损害的法律事件。[⑦]

以上对于工伤概念的定义虽各有不同，但也存在着一些共性：一是对于工伤概念设定的目的都是化解劳动者受伤的社会风险；二是认为劳动者的伤害结果都是由工作而引发的；三是认为伤害事故并非由劳动者故意而为。笔者认为工伤事故随着经济发展以及社会生产的不断变化，工伤的种类与类型始终处于动态变化之中，因此对于工伤的概念定义应当具备一定的前瞻性和开放性。但当前无论是“急性伤害说”“伤亡事故说”“人身伤害与职业病说”，还是“法律事件说”，这些关于工伤概念的学说都没有完全地体现

① 杨紫烜：《经济法》，北京大学出版社 1999 年版，第 525 页。

② 王全兴：《劳动法》，法律出版社 2004 年版，第 337 页。

③ 郑尚元：《工伤保险法律制度研究》，北京大学出版社 2004 年版，第 30 ～ 31 页。

④ 徐康平：《劳动工伤事故保险与损害赔偿》，人民法院出版社 2002 年版，第 114 页。

⑤ 庄红胜、刘志新：《伤残鉴定与劳动事故》，人民法院出版社 1997 年版，第 5 页。

⑥ 陈刚：《工伤保险》，中国劳动社会保障出版社 2005 年版，第 36 ～ 42 页。

⑦ 崔巍、宋锦生：《工伤认定中若干法律问题探讨》，载《行政法学研究》2005 年第 2 期，第 125 页。

出其本质特点。在概念的表述上有着内在的缺陷以及外在的不周延性，这些问题的存在直接影响人们对工伤的认识以及工伤实践中如何对待工伤等问题的处理与解决。因而，在法学研究与制度实践中，对于工伤这一概念进行界定尤为必要。

笔者认为工伤是指劳动者在用人单位就业期间，因工作原因所导致的身心（Physical[①]and Mental[②]）损害。其中对于“身”（Physical）的损害也可以称之为身体损害，指的是劳动者在用人单位就业期间因工作原因而导致的人身有形损害。身体损害一般包括物理性损伤、化学性损伤、生物性损伤等以及法律上通常提到的职业病伤害。身体损害更多的表现是一种显性伤害。对于“心”（Mental）的损害，笔者认为其是指劳动者在用人单位就业期间因工作原因而导致的内心损害或创伤，也可以称之为心理损害。心理损害更多的表现是一种隐性伤害。常见的心理损害应当包括事故后应激障碍和重度抑郁障碍。事故后应激障碍是指劳动者因在用人单位就业期间发生的一个或多个工伤事件而导致的心理障碍。对于这种事故后应激障碍在工伤行政认定过程中必须符合通常的“因果关系”的测试。重度抑郁障碍是指对于那些已经存在心理疾病的劳动者来说，由于工作因素或者是在用人单位就业期间产生工作压力后被他人的行为所影响，如对于凌辱或者骚扰的行为等积累产生的一系列重大的工作压力源。对于工作中的凌辱或者骚扰，多年来在我国并未受到重视。而在国际上，已逐渐受到有关国家的关注，根据加拿大就业安全委员会的报告，在加拿大六分之一的员工受到过职场欺凌，五分之一的员工见过同事受到欺凌或骚扰。这种职场欺凌和

---

① “Physical”在英语中的含义包括身体的、肉体的、躯体的、客观存在的、现实的、物质的、有形的、根据自然规律的、符合自然法则的、物理学的。使用“Physical”一词更能全面地反映劳动者所受伤害具有的情形。〔英〕霍恩比：《牛津高阶英汉双解词典》，中国商务出版社、牛津大学出版社（中国）有限公司 2017 年版，第 1537 页。

② “Mental”在英语中的含义包括思想的、精神的、思考的、智力的、精神病治疗的、疯狂、发疯。使用“Mental”一词是对劳动者所受的心理损害更全面的表述。〔英〕霍恩比：《牛津高阶英汉双解词典》，中国商务出版社、牛津大学出版社（中国）有限公司 2017 年版，第 1298 页。

骚扰的行为可以发生在任何人身上，发生在任何工作场所，甚至可以通过网络方式进行。制造这种职场欺凌和骚扰行为的可能是一个人，也可能是一个群体。[①] 职场上的欺凌和骚扰行为极易引发原本存在心理障碍的员工产生更加严重的精神障碍，因此在加拿大便将由职场欺凌和骚扰行为导致的精神损害纳入工伤行政认定范围。笔者认为，我国应当对此予以借鉴，但对于这种重度抑郁障碍应当符合造成相关压力行为引起的心理损害所必须达到的“主要原因”的标准。同时在进行工伤行政认定的过程中需要提供被医疗机构诊断为精神疾病，以及由于用人单位有关决定所引起的精神压力的相关证据。但是因以调整工作岗位、解除或终止劳动关系为理由的心理损害原因当属赔偿范围之外。在实践中，对于劳动者心理上的伤害往往被忽视，但恰恰心理上的损害往往会严重影响劳动者的就业能力。既然对于工作原因导致的身体伤害可以进行工伤行政认定，并进行医疗救治，那同样的心理伤害一样可以进行工伤行政认定，并同样接受医疗救治。值得关注的相关问题是，我国国家赔偿法修改后，精神损害赔偿已经纳入行政赔偿的范围。作为更严重的损害——心理损害排除在工伤行政认定的范围，不仅与法理不符，而且也不利于对受害的劳动者的权利保障。

（二）工伤行政认定的含义

工伤行政认定作为一种行政行为，是实现对劳动者，尤其是受伤劳动者基本权利的劳动保护措施。但关于工伤行政认定的概念，学者们仍聚讼纷纭。有的学者把工伤行政认定界定为一种“行政理赔行为”，如董钦臣认为工伤行政认定是“社会保险行政部门依据《工伤保险条例》的规定，在行政权主管范围内，根据职工及其近亲属、工会组织法定期间内的申请，在法定期间内作出是否赔付工伤保险待遇的行政理赔行为”[②]。但实际上，工伤

① Gayla Reid, “Workplace Bullying & Harassment”, *The People's Law School*, 2014, pp.4-5.

② 董钦臣：《工伤认定概念研究》，载《人民司法》2016年第4期，第81页。

行政认定仅是受伤劳动者获得工伤保险赔付的前置环节，并未触及工伤保险赔付的核心内容，而且工伤行政认定的行政主体并不是支付工伤保险赔付的行政主体或机构。因此这种定义并没有厘清工伤行政认定的实质内容。也有学者认为工伤行政认定是一种确定条件，是指国家有关部门根据国家政策、法规的规定，确定职工受伤是否属于工伤范围、是否符合工伤的基本条件。[①] 可是该学说并未表明工伤行政认定的行政主体在行使行政权所应具有的行为特征。不过更多的学者认为工伤行政认定是一种行政确认行为，王冬青认为，工伤行政认定是行政部门依劳动者的申请所为的行政确认行为。[②] 郑尚元认为，工伤行政认定就是相关认定机构依据有关法律法规作出的，对劳动者因事故伤害或者患职业病是否属于工伤进行确认的具体行为。[③] 黎建飞认为，工伤行政认定是劳动行政部门依据法律的授权对职工因事故伤害（或者患职业病）是否属于工伤或者视同工伤给予定性的行政确认行为，体现了工伤认定机构对工伤相关法规规定的工伤范围的认知和判断。[④]

虽然上述学者均认为工伤行政认定是一种行政行为，但也存在一定的差异性，一是表述上的差异性。有的学者将工伤行政认定的主体表述为行政部门，有的表述为相关认定机构，有的表述为劳动行政部门等。因此可以看出，对于工伤行政认定的主体在表述上还不够规范。此外，对于工伤行政认定的客体表述也不够科学，前已述及，由于对工伤的含义的界定存在较大的认识偏差，因而，对于工伤行政认定的工伤事故的范围也存在表述上的不同，基本上是基于法释义学意义上的表述。二是具体行为类别上考虑欠周全。工伤行政认定是一种依申请的行政行为还是依职权行为，这个问题有的表述上还不够清晰。尽管不影响对于工伤行政认定的表述，但

---

① 胡炳志、张颖：《论完善中国工伤认定制度》，载《社会保障研究》2010 年第 4 期，第 35 页。

② 王冬青：《工伤认定与劳动仲裁对劳动关系确认的冲突分析》，西北大学 2015 年硕士学位论文，第 5 页。

③ 郑尚元：《工伤保险法律制度研究》，北京大学出版社 2004 年版，第 56 页。

④ 黎建飞：《最新工伤保险条例热点、难点、疑点问题全解》，中国法制出版社 2011 年版，第 95 页。

是，就工伤行政认定的系统研究而言，在概念的表达上追求精益求精以及表述的科学性还是很有必要的。

笔者认为，工伤行政认定应从以下几个角度进行分析：

一是工伤行政认定的行政主体只能由法定的工伤行政认定的行政主体来实施工伤行政认定工作。不能在宽泛意义上认为是社会保障部门或劳动行政部门，而应该较为具体地指出工伤行政认定部门的职责所在。

二是应当以发展的眼光看待工伤行政认定中行政相对人的范围。依照我国现行的《工伤保险条例》以及《工伤认定办法》的相关规定来看，工伤行政认定的行政相对人包括受伤劳动者及其近亲属、用人单位、工会等相关主体。如果将这些主体在工伤行政认定的概念中予以全面列举，那么实际上仍然是就法律条文进行的解释性概念界定。随着工伤行政认定实践的发展，以及工伤保险范围“全覆盖”的展开，工伤行政认定的行政相对人主体范围必然随之扩展。在这个意义上，笔者认为应当对工伤行政认定的行政相对人主体从抽象意义上进行表述而不是就现有立法进行具体列举式表述。

三是工伤行政认定中的认定范围问题。工伤行政认定中的认定范围实际上是与工伤概念界定紧密相连的。易言之，对工伤概念内涵与外延理解的不同，必然反映在对工伤行政认定范围、认定对象理解上的差异。笔者认为，工伤行政认定的认定范围是劳动者在用人单位就业期间因工作原因所导致的身心损害。该范围的界定远远超过现有《工伤保险条例》第十四条、第十五条、第十六条的相关规定。

四是工伤行政认定的行政程序问题也应该在工伤行政认定的概念表述中有所反映。工伤行政认定，应是在法学层面上进行探讨的问题，特别是在行政法层面进行探讨，这就要体现出行政法治的规律与要点。行政法治特别强调程序的价值，所以在工伤行政认定概念表述的过程中应当将行政相对人依申请向工伤行政认定主体提出认定的请求，而工伤行政认定主体以法定程序对工伤行政认定申请事项进行审查、调查、核实并决定是否予以认定，这应当成为工伤行政认定的概念要素之一。

五是工伤行政认定的行政行为形式。依前文所述，工伤行政认定是一种法定的工伤认定行政主体在行政相对人提出工伤行政认定申请后才能实施而不能主动实施的行政行为。同时，工伤行政认定是一种对于受伤劳动者的事故伤害是否属于工伤的确权行为。因此，本书认为工伤行政认定行为属于一种行政法上的行政确认行为。

综上，工伤行政认定是指法定的工伤行政认定主体依受伤劳动者、用人单位等行政相对人的申请，依法在其职权范围内作出的对劳动者在用人单位就业期间因工作原因所导致的身心（Physical and Mental）损害是否属于工伤的行政确认行为。但还需要明确的是，在我国多年的制度实践以及理论研究中，人们习惯于用“工伤认定”一词进行表述，但是该说法极易将“工伤认定”的概念扩展至司法领域。近年来，我国在司法实践中，将提交工伤认定申请作为用人单位的法定义务，法院在有关行政机构不予认定工伤情形下直接认定是法律规定的要求。[①] 因此严格意义上说，笔者认为在行政法范围内将之表述为“工伤行政认定”则更为准确。因为，这可以将工伤行政认定与司法过程中的工伤认定相区别。

二、工伤行政认定的特征

第一，工伤行政认定的行为主体是法定的行政主体。这表明，行政机关或法律、法规授权的组织，针对法律法规所规定的需要确认伤害事故中受伤劳动者是否属于工伤的事项，依照法定程序，作出的行政确认行为才能称之为工伤行政认定。关于行政主体的概念，当前学术界的表述虽不尽相同，但却是大同小异。主流的观点认为，行政主体是指行政法调整的各

① 龙海腾：《无工伤部门的工伤认定，法院可否直接认定工伤》，韶山法院网，http://sssfy.chinacourt.org/public/detail.php?id=1228。

种行政关系的参加人。[①]由此可概括出工伤行政认定主体所应具有的标准。第一个标准是工伤行政认定的主体必须享有对于工伤事故进行认定的行政职权。也就是说，工伤行政认定的主体不应局限于行政机关，当某些社会组织获得法律、法规授予的行政职权，则该组织也会因这种授权而取得工伤行政认定的主体地位。第二个标准是工伤行政认定的主体必须能够以自己的名义实施工伤行政认定行为。所谓“以自己的名义”是指能够依照工伤行政认定的主体的自身意志独立地对受伤劳动者作出是否属于工伤的确认行为，而无须向其他机关或组织请示或批准。第三个标准是工伤行政认定的主体必须能够对其所具体实施的行政确认行为承担责任。这也是判断该主体是否能够成为工伤行政认定主体的重要标准。总的来说，行政主体就是行政职权的享受者、行政活动的实施者、行政责任的承担者合为一体的法律主体。

第二，工伤行政认定的内容或者行为目的，是对在事故伤害中受伤劳动者的法律地位和权利义务的认定或否定。工伤行政认定的直接对象是受伤劳动者的身心（Physical and Mental）损害事实，依据法律、法规及规章的规定，通过对受伤劳动者身心损害事实进行审核、调查，以确定受伤劳动者是否具备认定为工伤的法律地位，是否享受工伤保险待遇的权利。

第三，工伤行政认定具有强制的法律效力。工伤行政认定是法定的工伤行政认定主体所作出的行政行为。虽然工伤行政认定主体通常在工伤行政认定中居于劳动者和用人单位之间进行工伤事故的确认，但该确认权并不是源自劳动者或用人单位的委托，而是来源于国家对于行政管理而设定的权力。因此，工伤行政认定的行为是一种具有法律强制效力的行政确认行为，工伤事故中的双方当事人即受伤劳动者和用人单位应当服从工伤行政认定的行为并履行工伤行政认定决定为其设定的义务，否则要承担相应

① 姜明安:《行政法与行政诉讼法》，北京大学出版社、高等教育出版社 2002 年版，第 84 页。

的法律责任。

第四，工伤行政认定是羁束行政行为。法定的工伤行政认定主体在实施工伤行政认定过程中，其行政行为在范围、条件、形式、程序等方面均需要严格按照法律规定进行。行政主体对于行政法规范的适用上并没有自由裁量的权力。当事人对工伤行政认定不服，可以申请行政复议或提起行政诉讼。

第五，工伤行政认定是要式行政行为。法定的工伤行政认定主体对于受伤劳动者的身心（Physical and Mental）损害是否属于工伤所作出的结论，必须采用书面形式，否则不具有法律效力。如果行政主体违反工伤行政认定的方式或形式要求，会给其带来不利的法律后果。

三、工伤行政认定的分类

由于工伤行政认定所涉及的范围非常广泛，根据不同的标准，可以对工伤行政认定进行不同的分类。

第一，根据劳动者伤害病症的类型，工伤行政认定可以分为：机体性伤害的工伤行政认定和心理性损害的工伤行政认定。例如，对事故造成劳动者产生的割裂伤、挫伤等伤害所进行的行政认定属于机体性伤害的工伤行政认定。又如，因工作原因导致的劳动者精神性的损伤所进行的行政认定属于心理性损害的工伤行政认定。

第二，根据劳动者伤害事故是否发生在用人单位生产经营过程中，工伤行政认定可以分为：生产性的工伤行政认定和非生产性的工伤行政认定。生产性的工伤行政认定是指对于劳动者在用人单位从事生产经营活动期间，因履行工作职责而导致的事故伤害所进行的行政认定。非生产性的工伤行政认定是指对于劳动者不在用人单位从事生产经营活动期间发生的事故伤害所进行的行政认定。例如，在上下班途中，受到非本人主要责任的交通事故或者城市轨道交通、客运轮渡、火车事故伤害的均属于非生产性的工伤行政认定。

第三，根据工伤行政认定主体是否可以对劳动者所受事故伤害进行直接认定，工伤行政认定可以分为：非附加性工伤行政认定和附加性工伤行政认定。非附加性工伤行政认定是指只要符合法定条件，工伤行政认定主体均可依法根据申请人提出的工伤行政认定申请及相关证据直接作出是否属于工伤的结论。附加性工伤行政认定是指除必须符合一般条件外，工伤行政认定主体的认定结论仍需通过相关鉴定部门作出伤病的鉴定结论后方可作出。

第四，根据用人单位行业的不同以及造成劳动者事故伤害的特殊性，工伤行政认定可以分为：一般性产业工伤行政认定和特殊性产业工伤行政认定。特殊性产业工伤行政认定是指对于从事捕捞、消防、采矿工作的劳动者所受事故伤害所进行的行政认定。除特殊性产业工伤行政认定外其他均属于一般性产业工伤行政认定。

四、工伤行政认定法律制度

所谓制度，美国制度经济学派创始人凡勃伦认为“制度实质上就是个人或社会对有关的某些关系或某些作用的一般思想习惯；而生活方式所由以构成的是，在某一时期或社会发展的某一个通行的制度的综合，因此从心理学的方面来说，可以概括地把它说成一种流行的精神态度或一种流行的生活理论。如果就其一般特征来说，则这种精神态度或生活理论，说到底，可以归纳为性格上的一种流行类型”[①]。而道德拉斯·C. 诺斯认为“制度是一个社会的游戏规则，更规范地说，它们是为决定人们的相互关系而认为设

① 〔美〕凡勃伦：《有闲阶级论：关于制度的经济研究》，蔡受百译，商务印书馆 2004 年版，第 139 页。

定的一些制约"[①]。由此可见，制度是一种具有综合性的规则概念。它为解决人与人们之间的相互关系而建立了一个相对稳定的结构，从而减少了不确定性的发生。作为制度的一部分，法律制度是一个国家全部现行法律规范按照一定标准和原则进行划分而形成的有机联系的整体。法律制度反映了法所具有的统一性和系统性，但由于法律制度是因人为对法律规范进行科学的抽象和分类的结果，所以其也具有主观性。工伤行政认定法律制度可以定义为是调整工伤行政认定过程中发生的各种权利义务关系的法律规范的总称。工伤行政认定法律制度是行政法律体系的一部分系统，是由众多与工伤行政认定相关的法律、法规、规章、规范性文件所构成的法律系统。

工伤行政认定法律制度的具体内容应当包括：一是调整工伤行政认定主体在行使工伤行政认定职权过程中与行政相对人之间发生的各种权利义务关系。工伤行政认定过程中所实施的行政确认行为，无论其结果如何都将对受伤劳动者和用人单位产生实际影响，因此，工伤行政认定中行政主体与行政相对人的关系必须要受到法的调整和规范。二是调整工伤行政认定主体内部所发生的各种权利义务关系，这包括上下级行政主体之间的关系，平行行政主体之间的关系，行政主体与其工作人员的关系。职权的法定性决定其稳定性也直接影响到工伤行政认定的职权行使，因此工伤行政认定主体内部需要保持相应的秩序与稳定，这就必须通过工伤行政认定法律制度为其确定适当的权利义务关系。三是调整行政相对人认为工伤行政认定主体作出的行政行为侵害其权益，从而在申请救济的过程中产生的权利义务关系。工伤行政认定的行政救济主体制度围绕行政复议与行政诉讼的法律关系而展开。这也是控制和规范工伤行政认定行为最为有效的方式。四是调整法制监察主体对工伤行政认定主体和其工作人员进行监察时发生的各种关系。法制监察主体包括检察机关

---

① 〔美〕道德拉斯·C. 诺斯:《制度、制度变迁与经济绩效》，杭行译，格致出版社 2014 年版，第 3 页。

及其他监督机关，其中检察机关可以通过行政公益诉讼的方式对工伤行政认定主体实施监督，从而防止公权力的滥用。通过监察委员会对工伤行政认定行政主体内的工作人员实施监督，可以防止工作人员对职权的滥用。由于工伤行政认定的行为极易影响到行政相对人的利益，因此有必要对其进行法律上的监督和控制。

第二节　工伤行政认定的理念

关于工伤行政认定的理念，不同的学科有不同的认识。经济学主要侧重于从成本效益的角度分析工伤行政认定如何平衡工伤保险费用缴纳与工伤事故赔偿支出之间的相关比率关系。社会学主要侧重于从博弈论的角度分析工伤行政认定法律制度的设立与社会环境及社会秩序的关联性。本书则从行政法的视角对工伤行政认定的理念进行分析。通过确立工伤行政认定法律制度的基本原则和精神，统领工伤行政认定法律制度的制定和完善。工伤行政认定行为作为一种行政行为，行使的是一种行政职权。因此对于工伤行政认定的理念分析就应在行政法的视角下进行。笔者认为，对于工伤行政认定的理念分析应当遵循一种“综合模式”的分析思路，本书以“人权保障—权力控制—公共服务”这种具有内在关联性的多元的综合理念为基础，对工伤行政认定进行分析。

一、人权保障理念

工伤行政认定法律制度是保障受伤劳动者人权的一项重要法律制度，人权保障理念更是构建工伤行政认定法律制度的重要理论基础。实质上，人权保障体现的就是以人为本的理念。所谓人权就其本身而言，就是每个人都有生命、自由、平等及尊严的基本权利，这可以理解为是一种“自然权利”。不论个人在能力、财富或其他个人属性上有何不同，也不论群体地位或者阶级有何不同，只要人权是自然权利，则所有人都可以平等地享有这些权利。[①]1948 年联合国大会通过的《世界人权宣言》，便提出：“人人生而自由，在尊严和权利上一律平等。”“每个人都有生命、自由和人身安全的权利。”在之后的几十年中，几乎世界所有国家都加入了支持该宣言的行列。因此，人权的概念已经在世界范围成为普适的价值。随着社会的发展，人权保障的范围也在不断地扩展，从早期的保障与人身、财产相关的权利，到言论自由、信仰自由的权利。在新的时期人权包含着更为广阔的内容，其中最基本的人权包括生命权、自由权、财产权、尊严权、获助权、公正权、发展权、安全权、政治权利、诉讼权、平等权、经济权利、获得救济权等等。它们互为补充，相互依存。《世界人权宣言》中指出：“每个人，作为社会的一员，有权享受社会保障，并有权享受他的个人尊严和人格的自由发展所必需的经济、社会和文化方面各种权利的实现，这种实现是通过国家努力和国际合作并依照各国的组织和资源情况。”1966 年联合国大会通过的《经济、社会及文化权利国际公约》中提出：“人人有权享受社会保障，包括社会保险。”从这个意义上讲，人权既具有道德性、伦理性又具有法律性，是一项关于人性尊严与人的现实存在的综合性、复杂性权利结构体系，而工伤行政认定法律制度作为一种社会保障权，应归属于人权保障范围。

人权保障具有三种基本形态：应有权利、法定权利和实有权力。[②]本书对于工伤行政认定法律制度方面的分析，主要是从人权保障的法定权利的角度展开。这是工伤行政认定过程中，人权保障理念得以实现的基本形式。也表明工伤行政认定法律制度与人权保障之间的密切联系，其为劳动者在工伤行政认定中应当享有的权利与实际享有的权利构建了桥梁。

工伤行政认定法律制度应当体现人权保障的理念。

---

① Eveiyn Kallen, *Ethnicity and Human Rights in Canada*, Oxford University Press, 1995.6.

② 李步云：《论人权的三种形态》，载《法学研究》1991 年第 4 期，第 11 页。

第一，人权保障理念是判断工伤行政认定法律制度正当性的标准和要求。工伤行政认定过程中的行政相对人可以根据人权保障理念来判断工伤行政认定法律制度是否良善。具体而言，人权保障理念对工伤行政认定法律制度的作用体现在：首先，由于人权保障理念是先于法律的，因此工伤行政认定在行政立法和行政执法过程中应当以人权保障作为最低的道德标准和要求，使每一名劳动者都能够根据工伤或疾病后的需要，充分、迅速地获得医疗救治，得到赔偿，再就业培训和康复服务。其次，当法律对人权加以规定时，人权就成为法定权利，这有利于实现工伤行政认定法律制度的公平性和有效性，促进工伤行政认定法律制度的自我完善。对受伤劳动者的医疗救治和获得赔偿必须通过公平的社保基金进行公共资助，并且必须与其他医疗机构和社会支持系统保持一致。无论劳动者工伤的性质、就业行业或任何其他因素，所有劳动者都应当公平获得工伤赔偿。

第二，人权保障理念需要通过工伤行政认定法律制度的保障予以实现。2006 年国际劳动大会批准的第 187 号公约《关于促进职业安全与卫生框架的公约》中所提出的目标是“通过制定国家政策、国家体系和国家计划的方式促进职业安全与卫生的持续改善以预防职业伤害、疾病和死亡”。因此对于受伤劳动者的保护不仅仅是用人单位的责任，更属于国家责任。因此行政主体有义务保障相对人的上述权益不被侵害并积极地得到实现。要通过执法的形式，使工伤行政认定中的受伤劳动者的人权保障得以实现。此外，通过行政执法和法律救济，人权保障才能得到最终的实现。

人权保障在工伤行政认定法律制度中体现为以下四种形式：

第一，根本法的形式。我国《宪法》第三十三条第三款规定：国家尊重和保障人权。《宪法》第四十二条规定：中华人民共和国公民有劳动的权利和义务。国家通过各种途径，创造劳动就业条件，加强劳动保护，改善劳动条件，并在发展生产的基础上，提高劳动报酬和福利待遇。劳动是一切有劳动能力的公民的光荣职责。国有企业和城乡集体经济组织的劳动者都应当以国家主人翁的态度来对待自己的劳动。国家提倡社会主义劳动竞赛，奖励劳动模范和先进工作者。国家提倡公民从事义务劳动。国家对就业前的公民进行必要的劳动就业训练。

第二，以实体法的形式将人权保障转化为劳动者的各种权利。通过《劳动法》《劳动合同法》《社会保险法》《工伤保险条例》《妇女权益保障法》等法律法规的具体规定，对劳动者的人权保障形成具体化的权利规定，主要包括：工伤的范围、工伤主体的法律资格、劳动者工伤行政认定请求权、劳动者工伤赔偿请求权等一系列权利。

第三，程序法的形式。我国通过设立《工伤认定办法》等法律法规帮助劳动者消除人权保障实现的障碍。

第四，通过司法机关执行法律的活动对工伤行政认定中的劳动者进行人权保障。表现为《行政复议法》《行政诉讼法》等行政救济制度对工伤行政认定中受伤劳动者的人权保障。

二、权力控制理念

从一般意义上来说，行政权力的设定在于对社会公共事务进行有效的管理，维护正常的社会秩序运行，从而保障公民的合法权益。在工伤行政认定过程中行政主体的权力是指工伤行政认定的行政主体依照国家法律、法规对受伤劳动者所受事故伤害进行工伤行政认定过程中所行使的权力。这种权力是国家权力的组成部分，也是对社会劳动者权益的一种保障。但工伤行政认定的行政权力同一般事物一样都具有两面性，一方面，其可以保障受伤劳动者救治和获取赔偿权利的实，使劳动者能够在有序的环境下继续生活和工作。另一方面，行政管理主体职权的运用都必须以履行行政法规定的义务或职责为前提，否则，便为行政违法行为[①]。而权力一旦滥用则会使劳动者的人身和财产受到威胁，也会阻碍用人单位的运营和经济的发

① 谢晖：《法学范畴的矛盾辩思》，法律出版社 2017 年版，第 192 页。

展。正如孟德斯鸠所说："当权力集中于一个人或者一个机关之手，就必然发生专制，产生奴役。"① 因此，在工伤行政认定中确立权力控制理念是非常必要的。

从行政主体在工伤行政认定过程中的权力内容来看，其职权包括行政确认权和行政调查权。权力控制理念在工伤行政认定的范畴内体现为依据工伤行政认定法律制度对法定的工伤行政认定主体的职权进行控制和规范。具体来说可以通过以下三个方面进行权力控制：

第一，通过完善行政内部系统控制行政权力，实现决策权、执行权、监督权的分立与制约。同时对行政主体内部关系进行理顺，避免职权交叉、权责不清，明确行政主体的权力边界，否则就会产生越权无效。

第二，通过规范行政程序控制行政权力。工伤行政认定的权力控制很大程度上取决于行政权力运行程序的规范性，行政程序的规范性主要体现在对于工伤行政认定的行政确认与调查过程中的程序法治化。如果行政程序设置不当，则会导致在工伤行政认定过程中行政权力行使的随意性，将会严重侵害行政相对人的合法权益。对工伤行政认定行政程序进行合理的规范化，有助于构建权责统一、密切协同的程序规范体系。

第三，通过增强法治监督控制行政权力。法治监督也是工伤行政认定法律制度的重要组成部分，包括行政法治监督、行政责任追究、行政救济。其中行政法治监督为工伤行政认定主体所作出的行政行为合法性和行政主体工作人员遵纪守法而采取的监督机制。行政责任追究为工伤行政认定主体行使权力过程中滥用行政权力的行为提供法律责任追究机制。行政救济为工伤行政认定主体行使权力过程中受到滥用行政权力行为侵犯的行政相对人提供法律救济机制。

综上，要建设法治型政府，推进依法行政，严格规范公正文明执法，用健全的法治管住任性的权力，防止因不依法办事出现公权力侵犯群众

① 〔法〕孟德斯鸠：《论法的精神》，张雁深译，商务印书馆 1997 年版，第 154 页。

权益的问题。[①]权力控制理念就是要确保工伤行政认定过程中行政权力在法律框架内运行，在权力运行的全过程将工伤行政认定权力关在制度的笼子中。

三、公共服务理念

公共服务理念是现代行政法的重要理念。现代行政法治在政府服务理念的基础上需要以政府服务为中心进行相应的制度构建，工伤行政认定作为一种公共服务，其制度设计也应当建立在社会保障福利的基础上，从而促进形成更加安全的工作场所，并确保在发生工伤事故的情况下，使劳动者获得有效、便利的医疗保障和工资替代福利。这一理念也可以使用人单位得到保护，免受因疏忽而受伤的劳动者对单位提起的索赔诉讼。公共服务理念在工伤行政认定法律制度中体现为以下三点。

第一，调适工伤行政认定法律制度的价值定位。工伤行政认定兼具有管理与服务双重属性。其服务性在以社会公共福利为背景的现代国家中显得更为突出，因而将工伤行政认定法律制度定位为一种现代国家的服务行政是切合我国行政认定制度时代主题及发展使命的。但近年来，由于商业利益的推动，很多人对于工伤行政认定的法律制度的认识产生了变化，有人认为“工伤保险条例对商业保险影响巨大，一定程度上挤压了商业保险的空间”，提出了将 PPP 模式融入工伤保险制度[②]。笔者认为，无论如何对于劳动者进行工伤赔偿也不能挽回受伤劳动者的身心伤害和由此造成的失业可能所带来的重大影响：失去未来收入的潜力，心理抑郁以及配偶和家庭关系所带来的压力等。尽管引入商业保险被认为是减轻政府负担的一种方式，但任何的商业行为都是以谋求经济利益为目的的，虽然在短期内可以缓解

① 程同顺等：《新时代大国治理》，长江出版传媒、湖北教育出版社 2018 年版，第 96 页。

② 罗元辉、李云喜、刘丹：《将 PPP 模式融入补充工伤保险制度》，载《中国保险报》2017 年 6 月 16 日第 2 版。

政府压力，但从其长期发展来看，必将减少和限制受伤劳动者预期的福利，将对依赖受伤劳动者收入的家庭产生不利影响。因此在制度设置的理念上必须明确工伤行政法律制度的价值定位，而不是将工伤行政认定的法律制度置于一个不确定的经济理论的考量之中。

第二，转变工伤行政认定法律制度的职能属性。工伤行政认定法律制度是一项行政法制度，旨在服务于行政相对人，实现工伤行政认定程序的高效便捷，体现工伤行政认定主体的公共服务职能。工伤行政认定法律制度是一种对受伤劳动者人文关怀的行政保障制度体现，其行政权力色彩应当逐渐弱化。国家应当担负起工伤行政认定的公共资源分配，并向工伤行政认定的申请人提供免费的公众服务。

第三，创新工伤行政认定法律制度的规范设计。工伤行政认定法律制度须以政府的公共服务为基本理念，工伤行政认定的制度创设需要融入服务理念。例如，在制度设计中，对行政相对人由依靠强制到注重指导，由义务约束到权利保障。

人权保障理念、权力控制理念以及公共服务理念是贯穿于整个工伤行政认定过程中的基础性理念，对于工伤行政认定法律制度的完善具有重大的指导意义。当然，工伤行政认定是一种综合性管理与服务行为，既有管理的因素，以实现劳动关系等社会关系和谐，也体现现代社会公共服务的柔性与非强制性色彩，具有服务性质。但管理只是手段，其目的旨在提供公共服务。

第三节　工伤行政认定的原则

工伤行政认定的原则是指能够对工伤行政认定过程起到基础性规范作用的规则，是从工伤行政认定关系中抽象和概括出来的，体现了工伤行政认定的法治精神，反映了工伤行政认定的基本理念。如果法律规范缺失，工伤行政认定原则可以充当具体的适用规则，以弥补成文法之缺失。因此，工伤行政认定的原则对工伤行政认定法律制定及其实施具有广泛的指导意义和更普遍的适用性。

一、工伤行政认定的法治原则

法治原则的目的是规范恣意的行政权力。行政法治原则在工伤行政设定法律制度中首先要求是主体法定、内容法定、程序法定、救济法定。

（一）工伤行政认定的主体法定

工伤行政认定首先要依法明确行政主体，通过组织法确定工伤行政认定主体的资格条件以及职能权限范围。如果工伤行政认定主体不适格或无权限，则其工伤行政认定行为不具有法律效力。当前，工伤行政认定主体资格条件与职能范围在立法上较为模糊，需要通过法律的修改和完善加以明确。

（二）工伤行政认定的内容法定

工伤行政认定的内容法定要求工伤行政认定行政决定中对于工伤行政认定机关与工伤申请者之间实体上权利义务分配的合法，作出工伤行政认定的事项要有明确的法律依据与法理阐释，从而使行政相对人对工伤行政认定行政决定有一个明确的认知，以便于其及时行使相关权利。在工伤行政认定过程中对工伤事故进行审核时，对于各种证据材料，都应进行全面客观的审查，未经审查的证据，不能成为工伤行政认定的事实证据。

（三）工伤行政认定的程序法定

程序法治是现代法治的基本要求，也是实现法治行政的题中应有之义。工伤行政认定程序法定是对工伤行政认定主体在认定过程中的基本要求。工伤行政认定的行政主体应严格按照法律规定的固定程序进行，不得恣意而为。根据当事人的申请，在查明案件事实的基础上，依据法律法规，最后作出工伤行政认定的决定，并告知当事人不服行政认定决定应当享有的权利。

（四）工伤行政认定的救济法定

法治的价值在于权利救济，无救济则无权利亦无法治是法治的基本要义。而救济的法定化是法治实现和权利救济的前提。工伤行政认定是以劳动者已然发生的伤害为前提，因而其救济法定化具有格外重要的意义。工伤行政认定救济法定体现为救济方式的法定化、救济程序的法定化、救济责任的法定化。工伤行政认定的救济法定要求，行政救济法律制度应当将该类行政行为纳入受案范围，并通过法定救济程序实现遭受工伤的劳动者的权利救济。

二、工伤行政认定的正当程序原则

正当法律程序（Due Process of Law）起始于英国普通法传统的“自然正义”（Natural Justice），“自然正义”包括两项规则：第一，任何人作为争议案件的当事人不可以自己充当法官来裁决案件的是非对错；第二，任何人在受到公权力不利处分时，有获得同等机会听证的权利。这些权利包括被告知、说明理由和提出申辩的权利。在现代社会，正当法律程序既是一项实质性原则又是一项程序性原则，对于行政活动与司法活动都构成重要的规制，甚至对立法活动同样产生规范作用。实质性的正当法律程序在立法领域强调立法的公平、正义，不符合程序正当原则的法为无效之法。

工伤行政认定的正当程序原则是指工伤行政认定机关在工伤行政认定过程中，能够公正地对待受伤劳动者与用人单位，工伤行政认定主体应该遵循回避原则，在作出工伤行政认定决定之前履行相应的法律告知义务、说明理由义务、应公正地听取双方当事人的意见与申辩，在作出工伤行政认定的过程中应作充分的调查、取证工作，力求工伤行政认定的程序公正。

一是中立性。任何人作为争议案件的当事人不可以自己充当法官来裁决案件的是非对错。这就要求在工伤行政认定中，确保受伤劳动者与用人单位在工伤行政认定调查取证中以及确定工伤行政认定的结果时能够得到平等对待。与工伤行政认定程序法律结果有牵连的工伤行政认定工作人员不能成为调查者，工伤行政认定的调查取证与结果认定应该实现职权分离。工伤行政认定的调查者、裁判者与接受工伤行政认定结果的任何相对方及利害关系人不得有足以可能影响认定结果公正的关系。中立性规则需要通过一系列的制度予以保证，如工伤行政认定的工作人员的职务回避、职能分离等。

二是程序理性。工伤行政认定的调查者与裁决者在工伤行政认定过程中应该严格遵守明确既定的法律程序。这要求工伤行政认定主体充分地说明并告知作出某项工伤行政认定的理由。

三是案卷排他性。工伤行政认定的主体在调查取证的基础上，必须以已经取得的、经过法定听证程序质证予以认证的证据和相关的案卷材料为基础作出最后的认定与裁决，而不能以案卷之外的证据材料作为工伤行政认定的基础依据。

四是可预期性。工伤行政认定的正当程序的重要价值就在于为受伤劳动者以及用人单位、相关利害关系人提供明确的指引与规范。工伤行政认定程序规范的创制应该遵守法律规范的构成要件，要有明确、具体、相互衔接协调的规范结构，要有违反特定工伤行政认定程序的法律后果的设置。工伤行政认定的程序法主要体现为工伤行政认定步骤的明确、有序，以有效地制约行政恣意。

五是参与的平等性。工伤行政认定程序的参与者有获得信息与传递信息的同等机会，即被告知和听取陈述涉及工伤行政认定意见的平等。平等参与规则就是保障接受工伤行政认定结果的受伤劳动者与用人单位在相同条件下有从工伤行政认定的调查者与裁判者处获得相关信息并有相同的机会向工伤调查者、裁判者陈述自己的意见与看法。

六是程序自治性。平等的程序权利作为参与者的主观感受因人而异，但其作为权利可以放弃。工伤行政认定程序的自治性是强调参与者的同意而非被迫。工伤行政认定调查中用人单位在行政调查程序中可以拒绝回答与案件无关的问题，这体现了程序自治性。

七是程序的公开性。工伤行政认定的行政程序应当公开，调查的过程确保相关利害关系人的充分参与，调查所形成的相关信息应该向相对人和社会公开并接受公众监督，但要以行政相对人的隐私权不受侵犯为前提。这就要求行政主体在工伤行政认定过程中，尤其是进行案件调查的过程中对个人信息的取得、使用应遵循相应的规则，不得随意披露个人信息。凡涉及行政相对人隐私公开问题时，必须具有法律依据。

八是程序的及时终结性。工伤行政认定程序作为对受伤劳动者的有效救济，必须在规定的合理时间内完成调查取证与相应的裁决程序，不能无限制地拖延。

三、工伤行政认定的效率原则

工伤行政认定的效率原则，又称为工伤行政认定的高效便民原则。行政效率最直接的表现形式就是政府效率，表现为政府公共行政的质量与成果。从公共行政的经济视角观之，行政效率在总体上可以分为如下几个方面：一是组织效率，即高级决策层所表现的效率。组织效率表现为高级官员在决策中枢系统中对各职能部门的组织协调能力，使得各部门组织结构体系迅速由静态走向动态，国家机器得以迅速运转。二是管理效率，即中间管理层所表现的效率。中间管理层所表现的效率主要通过行政系统中的中观管理部门及其岗位上的人员在迅速领会理解高级决策的基础上，能够迅速动员组织系统协调一致地开展工作。三是工作效率，即基层工作人员所表现的执行政策与行政决定的效率。这三个层次的效率是相互关联、相互影响、相互补充、协调一致的组成部分，从整体上构成全部行政工作的系统性存在。

效率是行政的生命，虽然法律的终极价值是公正，但也不能不考虑效率的价值。所谓行政法的效率原则是指行政机关实施行政管理，应当遵守法定时限，积极履行法定职责，提高办事效率，提供优质服务，方便公民、法人和其他组织。行政效率原则要求工伤行政认定应当融入成本效益的考量，运行成本直接影响工伤行政认定效率。当前的工伤行政认定法律制度运行效率不高，被人们广为诟病。这说明，工伤行政认定法律制度在提高效率方面应作出切实的改进，以适应不断发展的工伤行政认定的现实需求。《工伤保险条例》（2010 年修订）对用人单位申请工伤行政认定的时限规定以及工伤行政认定主体对工伤事故的认定期限均嫌过长。此外，工伤行政认定中对于用人单位的申请时限以及不在时限内申请的法律责任均无规定，这也不利于提高工伤行政认定效率。可以说，效率对于工伤行政认定具有特别重要的价值，没有效率，工伤行政认定将变成迟来的正义，受伤劳动者的权益得不到及时的救济，可能导致其最终正义的实现变得没有意义。因此，工伤行政认定法律制度设计应该将效率原则作为一项重要原则来规制工伤行政认定过程，力求工伤行政认定能够为相对人提供最及时的权利保障。

四、工伤行政认定的科学性原则

工伤行政认定的科学性原则是指在工伤行政认定过程中，由于涉及很多有关工伤事故识别鉴定方面的事实认定问题，这些事实认定需要工伤行政认定主体秉承客观理性的认知方法，运用现代科技手段、科学方法进行分析判断。由于现代工业的发展，特别是信息技术的广泛运用于现代生产过程之中，劳动用工实践中出现的工伤以及可能出现的工伤类型日益多样化与复杂化。在这一背景下，如何确定劳动者所受身心损害与其所从事的工作之间的因果联系越来越难，这必须借助科学的手段及专业知识进行判断。以职业病为例，职业病及其相关的医疗知识具有很强的专业性，而且对它的定义和诊断，如 TNT（三硝基甲苯）中毒、矿工的眼疾（三硝基甲苯白内障）等，都会随着时间的推移而转变。[①] 此外，对各种可能的工伤进行伤残状况、等级等问题的认定均需要借助现代科技手段与科学方法。由此看来，工伤行政认定法律制度中应该遵循科学性原则。不仅如此，工伤行政认定具体规则的设定也应反映工伤行政认定的规律，是对工伤行政认定实际工作的总结提升以及在此基础上的法制化过程。工伤行政认定法律制度应当体现制度的科学安排，使得工伤行政认定法律制度在运行过程中得以最大限度地实现其法律效果与社会效果。反之，如果工伤行政认定的实践规律不能反映到具体的制度中去，这就可能使得工伤行政认定制度在实践操作中大打折扣，不仅影响工伤行政认定的效率，而且也会有损工伤行政认定的公正性。

此外，工伤行政认定所要确认的受伤劳动者事故伤害，并不是简单的事实认定，而是需要对相关伤害涉及的医疗知识进行全面客观的分析，因此在工伤行政认定中应配备一定比例的具有专业性和技术性的医务专家。另外，由于电子通讯、信息技术的快速发展，工伤行政认定的方式和时效性也应当作出适当调整。

五、工伤行政认定的倾斜保护原则

倾斜保护主要指通过一种特殊的标准对当事人的地位及分配利益进行衡量，进而依据法律法规对其中的“弱者”采取更有利的措施。工伤行政认定的倾斜保护原则是指工伤行政认定法律制度倾斜保护受伤劳动者合法权益。这体现了工伤行政认定的人权保障的理念，契合工伤行政认定法律

① Richard Gillespie, “Accounting for lead poisoning: The medical politics of occupational health”, *Social History*, 1990, 15(3), 303.

制度的价值取向。工伤行政认定的倾斜保护主要包括立法中的倾斜保护和执法中的倾斜保护。

（一）工伤行政认定立法中的倾斜保护

从《工伤保险条例》第一条的规定可以看出，倾斜保护主要有三个方面：一是保障受伤劳动者所拥有的医疗救治权与经济补偿权；二是促进工伤预防与职业康复；三是分散用人单位的工伤风险。之所以要把保障受伤劳动者的救治权与经济补偿权放在第一位，是缘于对现实的受伤劳动者与用人单位之间权衡的考量。从劳动者与用人单位的关系方面来看，根据劳动法的相关规定，订立劳动合同应当遵循平等自愿、协商一致的原则，这在形式上表明了劳动者与用人单位这两个主体所具有的平等性。但实践中劳动合同的双方当事人在实质上却处于不平等地位。在就业竞争日趋激烈的现实情况下，劳动者为了工作和谋生，不得不依附于用人单位，在双方的关系中处于相对弱势的地位。由于用人单位占有生产资料，拥有强大的资本，往往出于对经济利益追逐的本能，利用其强势地位侵犯劳动者的合法权益，而大多数劳动者为了生存与就业选择忍气吞声。在实践中，用人单位不与劳动者订立劳动合同、滥用试用期、不支付经济补偿金、不缴纳社会保险费等现象非常普遍。可以说劳动关系具有形式上的平等性和实质上的不平等性。所以当劳动者缺乏制度保障时一旦发生工伤，其后期的救治和补偿权益很难得以实现。正因如此，工伤行政认定的原则应当体现出维护劳动者权益的倾向性。

在工伤事故中，劳动者的生命权、健康权、身体权等受到伤害，可能会造成劳动者伤残甚至死亡。而人身权是劳动者依法在劳动过程中享有的最基本的权利，这也是劳动者赖以生存和发展的不可或缺的社会条件。与用人单位的经济效益和物质利益相比，劳动者的人身权应当优先得到保护。可见，《工伤保险条例》中对劳动者人身权保护方面的制度体现出了对劳动者倾斜保护的原则。

（二）工伤行政认定执法中的倾斜保护

受伤劳动者与用人单位之间因信息不对称导致举证能力等方面的差异性也决定了受伤劳动者在工伤行政执法过程中的相对弱势。工伤行政认定机关在工伤行政认定过程中需要对申请人提供的相关材料进行调查取证后，方可作出工伤行政认定结论。这有赖于各方当事人提供的证据材料，然而由于受伤劳动者举证能力偏弱，如果要求劳动者与用人单位平等分担举证义务，会造成对劳动者非常不利的后果。因此，应当加大用人单位的举证义务，进行举证倒置，否则劳动者伤病救治和请求赔偿的权利很难予以保障。因此，在工伤行政认定法律制度的设置中必须对劳动者采取倾斜保护的原则。

六、工伤行政认定的无过错责任原则

无过错责任原则是指行为人只要给他人造成损失，不论其主观上是否存在过错，都应承担责任。从归责原则的发展史来看，自罗马法以来，民法上均坚持过错责任原则，无过错即无责任是经济社会关系的一种重要原则。但是，随着生产力以及科技技术的发展，特别是 19 世纪末 20 世纪初，工业事故、技术事故以及公害事故大量出现，由受害人举证证明加害人在事故中存在过错几乎成为不可能，世界各国基于公平正义的法治精神、稳定社会的政策考量，相继在相关法律中规定了无过错责任原则。无过错责任原则逐步成为现代法治的一项重要原则，特别是在社会法领域起着重要的法律规制作用。

无过错责任原则具有以下几方面含义：第一，无过错责任原则的适用条件。无过错责任适用于损害后果已经发生，但是损害结果的发生不是由于当事人的主观错误造成。无过错责任的适用条件是，任何一方当事人在主观上对于损害的发生均不存在故意或过失。如果损害的发生是可归责于任何一方当事人主观事由，就属于过错责任之范畴。第二，无过错责任已成为现代法治的基本责任形式。无过错责任一度是作为过错责任的补充，后来由于经济、科技与社会发展，无过错责任逐步取得了与过错责任并列的地位。在当代各国的立法创制中，基本上都承认了过错责任原则与无过错责任原则地位。在有关法律责任的归责原则体系中，无过错责任原则是现代化大生产出现的高度危险作业的必然结果，是现代风险社会发展的现实需求。第三，无过错责任的目的是实现损失的合理补偿。过错责任发生的基础是违反契约的行为人具有主观上的过错或侵权行为人存在主观上的过失。因此，通过立法对有过错的一方当事人可以实现惩治与补救的双重功能。但在无过错责任原则的情况下，由于当事人对于损害的发生并无过错，惩罚功能无从体现，因而，只能保留其补偿功能。第四，免责事由适用的严格限制。在过错责任下，免责事由可以适用。如不可抗力在一般情况下可以作为过错责任的免责事由，但无过错责任一般不适用免责事由，即便像不可抗力这样的法定免责事由的适用也是受到严格限制的。第五，因果关系是决定归责的核心要件。过错责任的承担主要取决于当事人在主观上是否存在过错。无过错责任的承担并不取决于当事人在主观上是否存在过错，而是取决于其行为与损害后果之间是否存在因果关系。

工伤行政认定的无过错责任原则是指工伤行政认定主体在工伤行政认定过程中，以法律的规定为准据对于劳动者遭受伤害事故是否构成工伤或劳动者所受伤害与工作之间是否存在关联性进行认定，而不需要过问劳动者与用人单位在伤害事故中造成原因上的主观状态。这是因为，在现代化大生产的现实条件下，法律如果设置让劳动者对其遭受的伤害举证证明其有责任或者就其遭受的伤害举证证明用人单位存在主观过错是极为困难的，实际上无异于拒绝对劳动者伤害事故进行认定与赔偿。因而，在工伤行政认定过程中，坚持对劳动者所受伤害认定问题上的无过错责任原则实际上有利于对劳动者的权益保障。无过错责任原则作为一种客观的归责原则，强调劳动者损害与工作之间的因果关系，而不再过多纠缠于用人单位的主观心理状态，这消除了劳动者举证的负担，也大大提升了工伤行政认定的效率。

第二章
我国工伤行政认定法律制度的历史嬗变

在我国，工伤行政认定法律制度经历了一个曲折的过程。本章通过对我国工伤行政认定法律制度的历史回顾，从纵向发展的角度梳理我国工伤行政认定法律制度在初建阶段、发展阶段、完善阶段三个时期的演进历程，并分析我国工伤行政认定法律制度在法律关系、行为模式、行政程序以及行政救济方面的现状。

第一节 我国工伤行政认定法律制度的沿革

一、工伤行政认定法律制度的初建阶段

中华人民共和国成立之初，为了尽快恢复因战乱而被破坏的国家经济，建立起独立完整的工业体系，本着“劳资两利，公私兼顾”的政策方针，在总结革命根据地经验的基础上，开始创设系统的劳动和工伤行政认定法律制度。

中国人民政治协商会议第一届全体会议在1949年通过了《中国人民政治协商会议共同纲领》，规定了要在企业中“逐步实行劳动保险制度”。同年，中央政府劳动部成立，并会同中华全国总工会在总结革命根据地、解放区的工作经验基础上草拟《劳动保险条例》，并于1951年由政务院颁布，该条例明确了工伤行政认定的行政主体是各级人民政府劳动行政机关，负责检查劳动保险业务的执行，并处理有关劳动保险事件的申诉。在认定对象方面，该条例规定雇用劳动者与职员人数在100人以上的国营、公私合营、私营及合作社经营的工厂、矿场及其附属单位与业务管理机关，铁路、航运、

邮电的各企业单位及附属单位中工作的劳动者与职员（包括学徒），且该部分劳动者不分民族、年龄、性别和国籍均属于认定对象的范围。但是在认定范围方面，该条例并未具体划分出伤害的类型或条件，只是笼统地表述为因工负伤，应在该企业医疗所、医院或特约医院医治。全国初步建立起由劳动行政部门综合监管、行业部门具体管理的安全生产、劳动保护工作框架体制。

1950 年政务院发布了《全国公私营厂矿职工伤亡报告办法》，该办法对工伤行政认定的流程进行了规定：发生重伤事故，厂矿行政须立即直接报告当地劳动局；重大事故（重伤 5 名以上或有死亡），厂矿行政负责人应于获悉后半小时内将事故概要先以电话或电报报告。全国各地厂矿行政应于每月 3 日以前，将上月 3 日以前职工伤亡情况直接造表报当地劳动局。[①]1950 年劳动部公布的《工厂卫生暂行条例草案》是我国最早的工伤预防方案，其目的是保护劳动者健康，预防疾病，在条文中对环境卫生、工作场所的安全进行了列举式的说明。

1949 年中华全国总工会公布实行三个规范性文件，即《关于劳资关系暂行处理办法》《关于私营企业劳资双方订立集体合同的暂行办法》《劳资争议解决程序的暂行规定》。1950 年，劳动部先后发布了《关于在私营企业中设立劳资协商会议的指示》《实施劳动争议仲裁委员会组织及工作规则》以及《关于劳动争议解决程序的规定》并由政务院批准公布实施。上述规定中未涉及工伤行政认定的行政主体责任，而是将重点放在劳动者与用人单位之间的劳动争议解决上，并明确规定了解决的程序，即某一行业的劳动者与用人单位双方发生争议无法取得一致意见时，应请求该业工会与同业公会派出代表会同双方当事人共同协商解决，如仍无法取得一致意见时，任何一方得请求当地人民政府劳动局调解之。调解无效得由劳动局组织仲裁委员会仲裁。劳动者与用人单位任何一方对劳动局仲裁不服时，得依司

---

① 周超：《中国安全发展历史回顾（一）》，载《劳动保护》2008 年第 1 期，第 76 页。

法程序向法院提出控诉，由法院判处。在法院未判决之前，双方均应遵照劳动局仲裁之决定办理。

随着经济建设的发展，从 1953 年起，劳动立法成为我国保障经济发展、提高劳动生产率、改善劳动者工作生活状况的一个重要手段。此阶段主要的工伤立法有：（一）保险方面。1953 年政务院修正公布了《中华人民共和国劳动保险条例》，对劳动保险的实施范围进行了扩大，从最初的铁路、邮电、航运及有职工一百人以上的工厂、矿场，扩大到工厂、矿场及交通事业的基本建设单位以及国营建筑公司，劳动保险待遇也得以提高。（二）工伤保护方面。在 1956 年先后出台了《工厂安全卫生规程》《工人职员伤亡事故报告规程》《建筑安装工程安全技术规程》以及《关于防止厂、矿企业中砂尘危害的决定》。1957 年卫生部发布了《职业病范围和职业病患者处理办法规定》，将危害职工健康和影响生产比较严重、职业性比较明显的 14 种职业病，列为国家法定职业病，这标志着我国开始了对职业病伤害的研究与实践探索，也为劳动者的工作安全保护方面提供了制度保障。

从 1958 年到“文革”前，主要是“二五”至“三五”计划期间。在开始全面建设社会主义时期，我国的劳动立法有很大进展，主要包括：1958 年国务院公布了《关于工人、职工退休处理的暂行规定》《关于企业、事业单位和国家机关中普通工和勤杂工的工资待遇的暂行规定》《关于国营、公私合营、合作社营、个体经营的企业和事业单位的学徒的学习期限和生活补贴的暂行规定》《关于工人、职员回家探亲的假期和工资待遇的暂行规定》四项重要规定以及《关于工人职员退休处理的暂行规定（草案）》。1963 年国务院发布了《关于加强企业生产中安全工作的几项规定》，同年国务院批准发布了《防止砂尘危害工作管理办法》。这些规定与当时的经济条件和客观需要相适应，符合当时的历史现状。

这一时期我国开始了工伤行政认定法律制度的初步建设，但由于在当时的历史环境下对行政法治及工伤行政认定的实质并没有深刻的认识，因此当时并没有形成完整的工伤行政认定概念或法律制度，也并没有解决工伤行政认定的法律化、规范化的基本问题。

二、工伤行政认定法律制度的发展阶段

从 1966 年到 1978 年，由于特殊的历史背景，劳动立法及相关法律的实施基本停止。这一时期劳动者伤亡事故和职业病发生率再度大幅度上升，形成中华人民共和国成立自 1960 年以来的第 2 次伤亡事故高峰。如与 1965 年全国县以上企业职工因工死亡数相比，则 1970 年为 2.85 倍（1966—1969 年无确切统计数字），1971 年为 4.24 倍，1972 年为 4.31 倍，千人伤亡率高达 1.18%。[①]

20 世纪 70 年代末，我国迎来了改革开放，而这一时期，也是中国工伤行政认定法律制度的变革与发展时期。针对之前伤亡事故和职业病增多的状况，1978 年 10 月中共中央发出了《关于认真做好劳动保护工作的通知》，国务院随后颁布了《锅炉压力容器安全监察暂行条例》、《矿山安全条例》、《矿山安全监察条例》（1982 年）、《关于加强防尘防毒工作的决定》（1984 年）等，确定了具体的事故死亡逐级上报制度，并对矿山开采所造成的职业病进行了更加全面的细化。总的来说，由于客观的历史背景影响，该时期主要是以工伤预防、职业病保护作为工伤行政认定法律制度建设的重点。

从 1985 年开始到 2003 年，全面改革时期的劳动立法有了新的发展。1987 年由卫生部、劳动人事部、财政部和全国总工会联合颁布，并自 1988 年 1 月起实施的《职业病范围和职业病患者处理办法的规定》，将职业病名单扩大为 9 类 99 种。该规定对适用的对象、职业病定义、诊断办法、患者的待遇和劳动人事问题均有详细说明。如凡属职业病患者，在治疗和

---

① 周超：《中国安全发展历史回顾（二）》，载《劳动保护》2008 年第 2 期，第 77 页。

休养期间及在确定为伤残或治疗无效而死亡时，均应按劳动保险条例的有关规定给予劳保待遇。1994 年由第八届全国人民代表大会常务委员会第八次会议通过的《劳动法》正式地提出了我国要建立劳动者伤亡事故和职业病统计、处理制度，并在《关于贯彻执行〈中华人民共和国劳动法〉若干问题的意见》中规定了劳动者对于工伤行政认定不服，可依法提起行政复议或行政诉讼的行政救济途径。1996 年出台的《企业职工工伤保险试行办法》确立了工伤范围及其认定，并对行政程序有了明确的规定，为我国日后《工伤保险条例》的出台奠定了基础。此外，在该时期出台的《女职工劳动保护规定》《女职工禁忌劳动范围的规定》《企业职工伤亡事故报告和处理规定》《关于企业职工养老保险制度改革的决定》《妇女权益保障法》《矿山安全法》《国有企业职工待业保险规定》《企业职工养老保险基金管理规定》《女职工保健工作暂行规定》《关于职工工作时间的规定》《关于有毒作业危害分级监察规定》《劳动部贯彻〈国务院关于职工工作时间的规定〉的实施办法》《关于企业实行不定时工作制和综合计算工时工作制的审批办法》《矿山安全法实施条例》《煤矿安全监察条例》《矿山建设工程安全监督实施办法》《建设项目（工程）劳动安全卫生监察规定》《重大事故隐患管理规定》《企业职工劳动安全卫生教育管理规定》《未成年工特殊保护规定》等等，为我国现行工伤行政认定法律制度建设提供了全方位的法律借鉴，但在认定范围、程序设置等方面尚有不足，特别是没有形成统一的工伤行政认定实体规则。

三、工伤行政认定法律制度的完善阶段

进入 21 世纪，我国市场经济正值迅猛发展时期，公司法、劳动法、保险法伴随着商业、保险业等发展逐渐趋于完善。2003 年国务院颁布《工伤保险条例》，这次立法提高了工伤保险的法律位阶，使工伤保险真正迎来了有“法”可依的时代。2004 年实施的《工伤认定办法》，在弥补过往不足的

基础上对工伤行政认定程序上的认定更加规范化、细致化。2010 年《工伤保险条例》经过修改后于 2011 年 1 月 1 日正式生效，修改后从整体上看至少在实体规定与程序规定上都有较大的进步。

在工伤行政认定的实体规定上，工伤行政认定的范围进一步有所扩大，并采取更清晰的列举方式，列举了工伤情形、视同为工伤情形及非工伤情形。在工伤行政认定程序规定上也有较大的改善，明确了各个环节具体的程序细节，其中工伤行政认定争议处理的程序有较大完善。随着经济社会的发展，我国原《工伤保险条例》势必要为适应发展做一定的完善工作，为此 2010 年国务院在第 136 次常务会议上修订完成了《工伤保险条例》。随之《工伤认定办法》也进行修改，并且于 2011 年年初正式施行，修改后在可操作性方面更加完善。人力资源和社会保障部先后于 2013 年、2016 年两次向社会征集“执行工伤保险条例若干问题的意见”，积极地吸纳人民对于立法的意见，以便更有利于推进工伤行政认定制度的完善工作。同时 2010 年全国人大常委会颁布了《社会保险法》，这是涉及工伤行政认定法律制度的一部法律，有别以前的规章与地方法规，具有重要现实意义，真正进入了有法可依的工伤行政认定法律制度时代。

在工伤认定制度中，职业病的规定也至关重要。2002 年我国卫生部与原劳动和社会保障部共同修改了《职业病分类和目录》，与外界预期的一样，这次修改进一步扩大了职业病的范围，新增多种职业疾病病种，使职业病种类由以往的 99 种扩大至 115 种，然而这一数字在经过 2013 年修改后再次被改写，达到了 132 种之多。其中分为 10 大类，涵盖职业病种较为全面且详细，具有科学性。2007 年以来，有关劳动保护的立法在构建和谐社会的背景下，先后制定出了《就业促进法》《劳动合同法》《劳动争议调解仲裁法》《社会保险法》以及修订的《工伤保险条例》。应该说，这一时期，我国工伤行政认定的立法工作得到了健康发展。

就立法层次来看，从 1951 年的《劳动保险条例》开始，我国相继发布并实施相关规章等规范性文件，直到 2003 年国务院颁布的《工伤保险条例》，工伤行政认定法律制度上了一个新台阶，再到 2010 年发布的《社会保险法》，至此迎来了工伤行政认定的法治化时代。现行有效的较为重要的有一部法律，即 2010 年全国人大常委会颁布、2011 年实施的《社会保险法》；一部行政法规，即 2003 年颁布、2010 年修改并发布、2011 年实施的《工伤保险条例》；一部行政规章，即 2003 年颁布、2010 年修改发布、2011 年实施的《工伤认定办法》。三部立法确定了我国工伤行政认定法律制度的基本框架，完善了我国工伤行政认定法律制度的实质内容与程序内容，对保护受伤劳动者权益都具有重要的意义。有学者认为 2011 年三部法律法规的实施标志着我国工伤保险制度走向了成熟[①]，因为整体而论，其一，工伤行政认定法律制度已经基本覆盖目前社会有关劳动者权益保护的需求；其二，简化了工伤行政认定的程序，不仅在效率上有所提高，更主要的是为受伤劳动者提供了应有的便利条件；其三，提升了工伤保险待遇的标准，增加了社会保险基金的支出项目，为受伤劳动者提供了更好的保障；其四，强化了对用人单位的监管管理，确保其缴纳工伤保险的法定义务履行到位。

随着行政法治监督体系的完善，我国工伤行政认定法律制度显现出一定的滞后性，因此大部分省市均在《社会保险法》《工伤保险条例》《工伤认定办法》的基础上制定了适应本辖区的工伤保险实施办法或规定。以辽宁省大连市为例，在适用国家及《辽宁省工伤保险实施办法》等工伤行政认定行政法规的基础上，大连市制定了《大连市工伤认定工作规定》（大人社发〔2011〕79 号）、《关于贯彻实施〈社会保险法〉有关问题的通知》（大人社发〔2011〕129 号）等规范性文件，而以此种规范性文件作为工伤行政认定执法依据的做法正在我国各地工伤行政认定中广泛地运用。

① 孙浩：《社会保险法讲座》，中国法制出版社 2011 年版，第 122 ~ 123 页。

第二节　我国工伤行政认定法律制度的现状

一、现行工伤行政认定的行政主体制度

我国现行工伤行政认定中的法律关系主体较多，因此其具有多重性和复杂性的特点。

（一）内部行政法律关系中的主体

内部行政法律关系是指基于相关法律而形成的行政机关上下级及平列的内部关系。根据《工伤保险条例》的规定，全国范围的工伤行政认定是由国务院社会保险行政部门负责，各行政区域内的工伤行政认定是由县级以上地方各级人民政府社会保险行政部门负责。社会保险行政部门按照国务院有关规定设立的社会保险经办机构具体承办工伤保险事务。由此，国务院社会保险行政部门、县级以上地方各级人民政府社会保险行政部门以及社会保险经办机构等行政主体共同构成了工伤行政认定的行政主体。其中上下级的工伤行政认定的行政主体之间具有从属性，即上级行政机关领导下级行政机关，下级行政机关需要向上级行政机关负责并报告相关工作。但只有通过法律上的权利义务将这种行为方式合理构建以后，上下级行政机关法律关系才有可能形成。[①] 当然，下级行政机关依法存在一定的独立性，可以以自身的名义行使工伤行政认定的法定确认职权，对其作出的工伤行政认定行政行为承担责任。

在我国，人力资源和社会保障部工伤保险司负责拟定工伤行政认定政

---

① 关保英：《论上下级行政机关的法律关系》，载《吉林大学社会科学学报》2008 年第 1 期，第 36 页。

策、规划和标准；省人力资源和社会保障厅工伤保险处拟订并组织实施全省工伤行政认定管理办法，按权限承担省本级工伤行政认定工作；市人力资源和社会保障局工伤保险处拟订全市工伤行政认定政策、发展规划并组织实施，拟订和组织实施工伤行政认定管理办法，负责机关企事业单位工伤行政认定工作；区人力资源和社会保障局工伤认定科负责贯彻执行工伤行政认定相关法律法规和规定办法，负责本辖区工伤行政认定相关工作。通过法律的形式将行政职权予以明确，可以促进行政组织中上下级关系相对稳定，从这种意义上来说，权力是实现组织内部上下级关系秩序的基本有效的方式。①

（二）外部行政法律关系中的主体

外部行政法律关系即行政管理法律关系是典型的行政法律关系②，是指基于相关法律而形成的行政主体与行政相对人之间的管理与被管理关系。我国工伤行政认定中的行政管理法律关系主体主要由工伤行政认定的行政主体、劳动者、用人单位三方所构成。其中工伤行政认定的行政主体享有国家对于工伤行政认定的行政权力，能依法对行政相对人实施有关工伤行政认定的管理，作出影响行政相对人权益的行政行为，在行政管理法律关系中处于主导地位。

按照《工伤保险条例》的规定，社会保险行政部门及社会保险经办机构是我国工伤行政认定中的行政管理法律关系的行政主体。而劳动者和用人单位，在工伤行政认定中更多地表现出对工伤行政认定过程中行政主体所实施的管理行为的一种服从和依法履行相应工伤行政认定行政行为确定的义务。尽管行政管理关系通常表现为“命令与服从”，但是随着国家法治的不断进步，行政法的“管理论”逐渐被“平衡论”取代，行政管理法律

---

① 庄杰、徐顽强：《公共行政学视阈下的上下级关系论析》，载《公共行政与人力资源》2012年第5期，第21页。

② 杨海坤、章志远：《行政法律关系基本理论问题探析》，载《河南省政法管理干部学院学报》2004年第1期，第60页。

关系中原有的单向服从的法律特征发生了很大变化，在工伤行政认定的行政法律管理中行政主体对于行政相对人，尤其是劳动者的人权保障在工伤行政认定中体现的愈加明显。

（三）行政委托法律关系中的主体

行政委托是指行政机关委托行政机关系统以外的社会公权力组织或私权利组织，以该行政机关的名义行使某种行政职能、办理某种行政事务，并由该行政机关承担相应法律责任的制度。[①] 我国工伤行政认定主体的行政权力主要包括行政确认权和行政调查权。依据《工伤保险条例》的相关规定，工伤行政认定主体的行政调查权可进行行政委托，即在受理工伤行政认定申请后，工伤行政认定主体根据工作需要，在对受伤劳动者伤害事故进行调查核实时，可以委托其他统筹地区的工伤行政认定主体或者相关部门。

例如，2015 年 7 月，大连市甘井子区某海产品公司劳动者蓝某就其在位于大连市金州区的单位冷库内因被叉车刮碰，导致小腿骨折的事故伤害，向用人单位所在区工伤认定部门申请工伤行政认定。在案件调查过程中，由于大连市甘井子区人力资源和社会保障局工伤行政认定工作人员的行政执法范围仅在大连市甘井子区辖区内，无法对劳动者所在单位的位于大连市金州区的冷库进行实地调查，因此大连市甘井子区人力资源和社会保障局依法委托大连市金州区人力资源和社会保障局对蓝某所受事故伤害的现场进行调查，并依据调查结果作出工伤行政认定结论。通过本案可表明，行政委托法律关系的主体在权力的委托过程中蕴含了原则性理念，即“公权力原则上应当由行政机关来行使”。[②]

对于工伤行政认定主体所进行的行政委托必须具有法定依据，没有法定依据的委托是无效的。而且工伤行政认定主体所进行的行政委托职权范

① 姜明安：《行政法与行政诉讼法》，北京大学出版社 2005 年版，第 145 页。
② 王天华：《行政委托与公权力行使》，载《行政法学研究》2008 年第 4 期，第 98 页。

围必须是工伤行政认定主体的法定职权，工伤行政认定中的行政委托的职权依法仅为行政调查权，否则就是委托越权，由此而产生的相关法律后果则由委托主体承担。同时受委托主体在行使职权过程中，也应遵守法定程序。但是由于《工伤保险条例》中对于可接受行政委托的“相关部门”指代不明，因此各地方政府通过地方规章的形式对“相关部门”的范围加以明确。以辽宁省为例，在该省颁布的《辽宁省工伤保险实施办法》中规定，工伤行政认定主体在依法开展工伤行政认定调查时，可以委托具有社会公信力和专业技术能力的组织进行，也可以吸收有关专业技术人员参与。如需对受伤劳动者进行伤病因果关系鉴定，可委托劳动能力鉴定委员会进行确认。

在实践中，不同的特殊工伤行政认定案件涉及的具有专业技术能力的组织也不尽相同。例如，在交通事故中，对于道路交通事故的责任认定，受委托的专业技术组织为交通道路事故鉴定部门；在工伤事故中劳动者头部遭受直接伤害时，如首诊为颅脑外伤，但后期诊断增加损伤性癫痫时，作为工伤行政认定主体通常无法判断该疾病是否与劳动者前期所受事故伤害有关时，则需要委托劳动能力鉴定委员会就伤害事故与疾病之间有无直接因果关系进行鉴定。工伤行政认定的行政委托必须以书面形式进行。[①] 这种书面形式实际上是工伤行政认定中的行政委托法律关系的委托人对于受委托人实施的对于特定行政检查权的书面授予。在书面委托中，需要对委托的对象、范围、权限、期限及相应的要求进行明确。

二、现行工伤行政认定的行政程序制度

工伤行政认定的行政程序制度是针对工伤行政认定行为而言的，是为了规范工伤行政认定的行为，避免劳动者和用人单位等行政相对人的权利因工伤行政认定主体的随意裁断受到侵害而制定的。近年来随着我国程序正义观

① 王青斌、游浩寰：《浅析行政委托》，载《广西大学学报》2003 年第 1 期，第 82 页。

念的确立以及程序法治化的发展，我国的工伤行政认定程序制度不断改进。

（一）程序公开制度

程序公开是行政相对人享有知情权的保障。工伤行政认定的程序公开是指行政相对人对于工伤行政认定主体在工伤行政认定过程中行使职权有了解和知悉的权利。其内容不仅仅局限于知道和了解国家的法律、法规以及执政党的大政方针，还应包括政府掌握的一切关系到公民权利和利益、公民个人因想了解或应当让公民了解的其他信息。[①]

在工伤行政认定的法律制度中，已明确规定工伤行政认定的程序应当向社会公开。工伤行政认定作为一种具体行政行为，将其除了依法应保密的以外的行政权力运行的法律依据、行使过程和认定的结论向行政相对人和社会公众公开，使行政相对人和社会公众知悉，是其应然之意。我国工伤行政认定程序公开的主要形式是依据《政府信息公开条例》的规定，通过政府公报、政府网站、新闻发布会以及报刊、广播、电视等便于公众知晓的方式向社会公开，对于向劳动者或用人单位等行政相对人公开的程序主要是通过在工伤行政认定的行政主体办公区域内设置服务窗口、公告栏、印发宣传资料等方式进行公开。

程序公开制度有利于行政相对人对工伤行政认定的行政行为的充分了解与参与，这种了解与参与可以是对工伤行政认定的行政主体的监督，也可以是对行政主体的行政活动提出建议。将工伤行政认定的行政确认行为置于阳光下，是构建合法高效工伤行政认定运行机制的必要途径。

（二）案件审查制度

工伤行政认定对认定程序的启动采取的是申请原则，只有适格的行政

---

① 赵正群:《中国知情权保障与信息公开制度的发展进程》，载《南开学报（哲学社会科学版）》2011 年第 2 期，第 54 页。

相对人提出工伤行政认定申请，工伤行政认定的主体才能依职权启动工伤行政认定程序。依据工伤行政认定法律法规的规定，用人单位、受伤劳动者或其近亲属、工会组织才是适格的工伤行政认定申请人，其他任何人或组织均无权申请工伤行政认定。工伤行政认定的主体在案件受理过程中主要是通过形式审查的方式确定工伤行政认定案件是否受理。形式审查的内容包括事实审查、时效审查、管辖权限审查。

1. 事实审查

事实审查一般包括关系审查和医疗审查。关系审查是指工伤行政认定主体对受伤劳动者与用人单位之间是否具有劳动关系、人事关系进行审查，只有双方形成劳动关系或人事关系才能进行受理。所以在工伤行政认定的法律规定中，明确提出工伤行政认定申请时必须提供在事故发生时与用人单位存在劳动关系（包括事实劳动关系）、人事关系的证明材料。同时用人单位应当在劳动者事故发生时具备合法有效的主体地位。医疗审查是指工伤行政认定主体对受伤劳动者是否具有实际发生的事故伤害进行审查。主要是通过审查医疗机构出具的受伤劳动者的首诊诊断书、住院病案等就医资料或者职业病诊断证明书（或者职业病诊断鉴定书）。但是在特殊的伤害事故中，工伤行政认定主体的条件审查往往不局限于关系审查和医疗审查。例如，劳动者所受事故伤害系因履行工作职责受到暴力伤害的，工伤行政认定主体还将对涉及该伤害案件的司法机关的生效法律文书或者结论性意见进行审查。又如，劳动者所受事故伤害系上下班途中受到交通事故或者城市轨道交通、客运轮渡、火车事故伤害而提出工伤行政认定的，工伤行政认定主体还将对相关交通运输管理部门对该事故作出的交通事故认定书或结论性意见进行审查。

2. 时效审查

时效审查是指工伤行政认定主体对于行政相对人是否在法定期限内提出工伤行政认定申请进行审查。如果行政相对人未能在法定期限内就劳动者伤害事故提起工伤行政认定申请，则其丧失了请求工伤行政认定主体进行工伤事故行政确认的权力。工伤行政认定的申请时效起算点不同于民法中的以“知道或者应当知道权利被侵害时”进行起算，而是以事故伤害发生之日或者被诊断、鉴定为职业病之日起一定时间内进行起算。

工伤行政认定的申请时效因申请主体的不同而不同，用人单位的申请时效为在事故伤害发生之日或者被诊断、鉴定为职业病之日起30日内，向工伤行政认定主体提出工伤行政认定申请。但由于特殊情况，用人单位报工伤行政认定主体同意后，可以适当延长申请时限。而当用人单位未在规定时限内提出工伤行政认定申请时，受伤劳动者或者其近亲属、工会组织的申请时效为在事故伤害发生之日或者被诊断、鉴定为职业病之日起1年内提出工伤行政认定申请。现行的工伤行政认定申请时效的审查制度，有利于维护受伤劳动者的合法权益。

3. 管辖权限审查

管辖权限是工伤行政认定程序得以顺利开展的必要条件，工伤行政认定主体只有具有合法有效的管辖权限方可作出具有确定力、拘束力和执行力的工伤行政认定决定。工伤行政认定的管辖权限明确了工伤行政认定各主体之间对于受理工伤行政认定案件的职权划分。根据我国工伤行政认定的相关规定，行政相对人可向用人单位所在地统筹地区的工伤行政认定主体提出工伤行政认定申请。但由于该管辖权限的规定过于笼统，因此各地均对本区域的工伤行政认定管辖权限进行了更为细致的规定。

例如，辽宁省对于工伤行政认定管辖权限的规定是用人单位登记注册地与生产经营地不在同一统筹地区的，若用人单位已为劳动者缴纳了工伤保险费，则原则上由注册地工伤行政认定主体进行管辖。若用人单位未能为劳动者缴纳工伤保险费，则由生产经营地工伤行政认定主体进行管辖。大连市则对工伤行政认定管辖权限作了更进一步的规定，根据《大连市劳动和社会保障局关于调整劳动保障部分业务管辖范围的通知》（大劳发〔2005〕93号）及《大连市人力资源和社会保障局关于工伤保险待遇等有关问题的通知》（大人社发〔2015〕249号）的规定，大连市工伤行政认定的管辖种类包括级别管辖、地域管辖和指定管辖。级别管辖是指按照工伤行政认定主体的组织体系划分出的上下级工伤行政认定主体之间就工伤行政认定案件的分工和权限。在大连市，市一级工伤行政认定主体负责的工伤行政认定的管辖范围包括在大连市市场监督管理局登记注册、注册资本金在1000万元及以上并在市内四区生产经营的各类企业，以及在大连市内四区生产经营具有法人资格的外地驻连企业、有无军籍职工的驻连部队机关和事业单位。除市一级工伤行政认定主体管辖的用人单位外，其余用人单位由各县市区进行管辖。地域管辖是指同级工伤行政认定主体之间按照行政区划受理本辖区内的工伤行政认定申请的权限。在大连市，除市一级工伤行政认定主体管辖的用人单位外，各县市区按照行政区域划分对本区域内的用人单位所发生的工伤事故进行管辖。但其中也存在着特殊地域管辖的规定，如用人单位注册登记地与实际生产经营地不一致时，由实际生产经营地的工伤行政认定主体进行管辖。指定管辖是指在管辖地不清的前提下，由上一级工伤行政认定主体将某一工伤行政认定案件交由特定的下一级工伤行政认定主体进行管辖。产生指定管辖的前提条件是管辖权限的争议形成，并由下一级工伤行政认定主体向上一级工伤行政认定主体提起申请。

（三）调查制度

工伤行政认定主体在受理工伤行政认定申请后，应当对劳动者伤害事故进行全面的调查，对伤害事故的主要事实、具体情节和相关证据进行调查核对，通过合法方式取得相关证据，并查实有关证据形成的法律依据。工伤行政认定的调查过程实际就是对劳动者伤害事故的去伪存真、由表及里的整合过程，从而形成是否应当认定为工伤的完整链状证据体系。根据《工伤保险条例》的规定，工伤行政认定主体可以根据审核需要对受伤劳动者的事故伤害进行调查核实，劳动者、用人单位、医疗机构等个人或社会团体、组织应当进行协助。在工伤行政认定的调查过程中，必须严格按照法定的程序进行，也只有合法调查产生的证据材料才能成为工伤行政认定的可靠证据。因此对于证据的辨识则成为工伤行政认定主体自由裁量的权力，但是这种自由裁量权却没有明确的法律法规的支撑。这使得在进行工伤行政认定的过程中存在较大的隐患，也容易导致工伤行政认定的争议与诉讼，不利于问题的解决，在一些方面甚至成为工伤行政认定的阻力。此外，在调查的过程中，工伤行政认定主体应当委派两名以上工作人员共同进行调查，并在调查的过程中向被调查人或组织出示执行公务的证件。以辽宁省为例，调查人员应当配备合法有效的行政执法证。而当具体调查人员与工伤行政认定的行政相对人之间存在利害关系的，应当回避。

（四）程序步骤

我国现行工伤行政认定的程序步骤是指为工伤行政认定按照法定规范对工伤行政认定进行有序的实施过程。具体步骤包括：申请、受理、审核、调查、结论作出以及送达。当劳动者发生事故伤害或者被诊断、鉴定为职业病后，首先由作为行政相对人的用人单位或受伤劳动者或者其近亲属，或工会组织在法定时限内提出工伤行政认定申请作为工伤行政认定程序启动的前提。工伤行政认定主体在收到行政相对人提交的申请后，在规定期限内对行政相对人提交的证据材料进行审核，并作出受理或不予受理的决定。工伤行政认定主体决定受理后，可以根据需要对行政相对人提交的证据材料进行调查核实，以便掌握与工伤行政认定决定相关的信息和事实证据，为作出最后的决定提供事实依据。调查终止后，工伤行政认定主体应在法定期限内作出认定或不予认定的工伤行政认定决定。并依法将该决定通过法定程序送达行政相对人。依照我国现行工伤行政认定法律法规的相关规定，笔者将具体程序步骤总结如下图（图 2-1）：

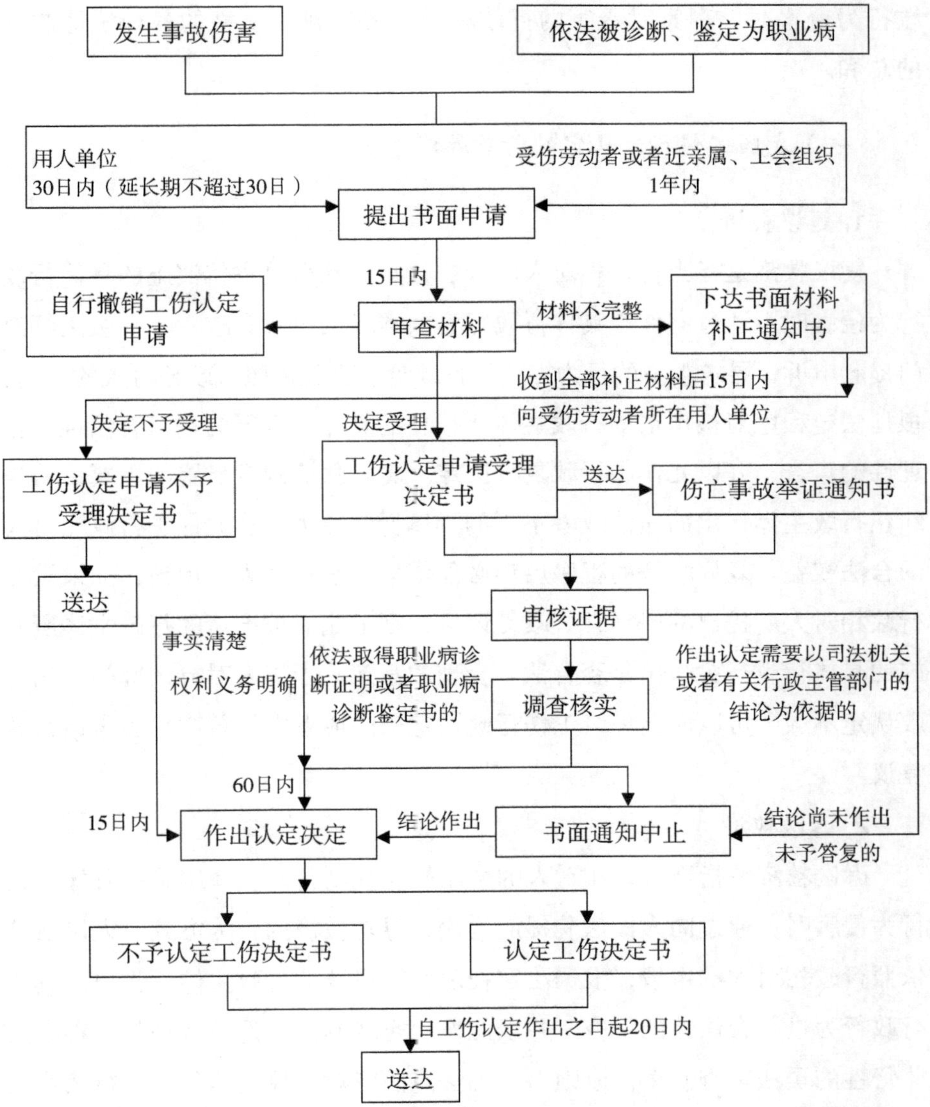

发生事故伤害
依法被诊断、鉴定为职业病
用人单位
30日内（延长期不超过30日）
受伤劳动者或者近亲属、工会组织
1年内
提出书面申请
15日内
自行撤销工伤认定申请
审查材料
材料不完整
下达书面材料补正通知书
收到全部补正材料后15日内
决定不予受理
决定受理
向受伤劳动者所在用人单位
工伤认定申请不予受理决定书
工伤认定申请受理决定书
送达
伤亡事故举证通知书
送达
审核证据
事实清楚
权利义务明确
依法取得职业病诊断证明或者职业病诊断鉴定书的
调查核实
作出认定需要以司法机关或者有关行政主管部门的结论为依据的
60日内
15日内
作出认定决定
结论作出
书面通知中止
结论尚未作出
未予答复的
不予认定工伤决定书
认定工伤决定书
自工伤认定作出之日起20日内
送达

图 2-1　我国工伤行政认定的程序步骤

三、现行工伤行政认定的行政救济制度

行政救济是指当行政相对人的合法权益受到行政主体实施的具体行

政行为侵害时，国家对受害的行政相对人提供排除妨害的各种法律制度的总和。

（一）我国工伤行政认定的行政救济途径

1. 复议救济

复议救济是指当行政相对人的合法权益受到行政主体实施的具体行政行为侵害时，通过向作出具体行政行为的本级人民政府或者上一级主管部门提起申诉，寻求救济的行为方式。行政复议机关依照行政相对人的申请，根据法定程序对被申请的行政主体所作出的具体行政行为进行合法性、合理性的审查，并以此作出行政复议决定。复议救济制度设置的主要目的是纠正行政主体作出的违法或者不当的具体行政行为，从而保护行政相对人的合法权益。复议救济的程序启动必须依据行政相对人的申请，如果没有行政相对人所提出的申请，行政复议机关则不能对被申请的行政主体所实施的具体行政行为作出是否合法、合理的裁定。当事人对行政部门工伤行政认定不服，可以向上一级工伤行政认定部门或者本级行政机关申请行政复议。

2. 诉讼救济

诉讼救济是指当行政相对人的合法权益受到行政主体实施的具体行政行为侵害时，通过向人民法院提起诉讼，寻求救济的行为方式。人民法院依照行政相对人的申请，根据法定程序对被申请的行政主体所作出的具体行政行为进行合法性的审查，并以此作出行政判决。诉讼救济是一种事后监督性的司法审查制度，原则上人民法院职能对行政主体的具体行政行为的合法性进行审查，一般情况下不涉及合理性的问题。只有当行政主体作出的具体行政行为显失公正的情况下才涉及合理性审查。也就是说，诉讼救济中人民法院只对行政主体作出的行政行为是否具有职权，是否滥用职权，是否具有事实依据，是否适用法律正确，是否遵循合法程序等情形进行审查。当事人对工伤行政认定不服或者对工伤行政认定的行政复议决定不服，可以向作出认定的行政部门所在地的人民法院提起行政诉讼。当然，由于对行政认定行为性质存在不同的认识，因此，工伤行政认定是否可诉仍存在一定的争议。但笔者认为，工伤行政认定行为作为行政确认行为会对当事人权益产生重大影响，应当纳入行政诉讼的受案范围。

3. 信访救济

信访救济是我国特有的行政救济手段，是指当行政相对人的合法权益受到行政主体实施的具体行政行为侵害时，通过向国家信访机关提起反映情况，提出建议、意见或者投诉请求的救济方式。与其他行政救济方式相比，信访救济具有救济成本低、约束力弱、效率性高的特点，同时其在救济的过程中广泛地运用了调节机制。信访救济的基本程序是调解、受理、调查、处理以及督办，但在处理结果上对行政主体所实施的具体行政行为并无强制约束力，无权对具体行政行为的合法性、合理性进行评价。对于信访人所反映的主要问题依法应当通过行政复议、行政诉讼等法定途径解决的，根据《信访条例》的规定信访人应当依照有关法律、行政法规规定的程序向有关机关提出。从而表明在行政救济制度中法定救济途径优先于信访救济。行政相对人对工伤行政认定不服也可以通过信访进行救济，并适用《信访条例》。信访作为非正式的救济途径，相对于行政复议和行政诉讼起到补充作用。但由于我国正式法律救济制度仍不健全，因此，对工伤行政认定不服的当事人通过信访寻求权利救济仍存在一定的现实必要性。

（二）我国工伤行政认定行政救济特性

在我国当前的工伤行政认定法律制度框架内，依据《工伤认定办法》的规定，工伤行政认定的行政救济主要是指行政复议和行政诉讼。行政相对人可以选择行政复议或者行政诉讼作为自身的救济手段。这两项行政救济途径在维护行政相对人权益，监督并规范工伤行政认定主体实施行政行为方面发挥的作用日益明显。近年来，随着行政相对人的社会法律意识和权利意识不断增强，越来越多的行政争议采取了行政复议和行政诉讼的救济途径，工伤行政认定行政复议、行政诉讼案件逐年增长。以辽宁省大连市甘井子区为例，经统计，2011 年至 2016 年该区工伤行政认定所发生的行政争议，行政相对人通过行政复议、行政诉讼的救济途径产生的案件总数分别为 2 件、11 件、21 件、24 件、33 件、52 件。就权利救济而言，行政复议与行政诉讼在工伤行政认定的行政救济中并无实质性的差别，但在具体内容和制度性质方面，两者的差异较大。

1. 工伤行政认定的行政救济途径的共同性

行政复议与行政诉讼都具有被动性的特征，都是以由工伤行政认定中的行政相对人提起申请或起诉作为救济途径的启动要件，遵循“不告不理”的司法程序规则。行政复议和行政诉讼审查的对象均为工伤行政认定的行政主体所作出的行政确认行为，在审查过程中，行政复议和行政诉讼所适用的程序具有一定的相似性，按照《行政复议法》的规定，行政复议所适用的法律程序，包括申请、受理、审理、送达等，其与行政诉讼的程序极为接近，所以有人就直接将行政复议定性为准司法行为。[①] 此外行政复议和行政诉讼的设立目的是相同的，两者的设立都是为了维护行政相对人的合法权益，在其受到工伤行政认定主体实施的具体行政行为侵害时进行相应的救济。因此两者救济途径具有一定的事后性，仅限于对已经作出的具体行政行为进行救济和监督，是一种事后的补救措施。[②]

2. 工伤行政认定的行政救济的差异性

（1）性质不同

行政复议是工伤行政认定主体系统内部的一种自我监督、自我纠错的机制，并通过这种形式对行政相对人实施救济，具有一种行政性质。而行政诉讼是司法机关通过司法程序对于工伤行政认定主体实施的具体行政行为进行监督，对工伤行政认定相对人在工伤行政认定中的权益进行救济，属

---

① 李红：《将行政复议制度定性为准司法行为》，载《河南法制报》2010 年 5 月 18 日第 7 版。
② 张壤：《行政复议与行政诉讼的比较分析》，载《职工法律天地》2015 年第 6 期，第 206 页。

于一种司法活动。

（2）审理主体不同

行政复议的审理主体为行政主体，包括工伤行政认定主体的本级人民政府或者上一级主管部门。而行政诉讼的主体是司法机关，为工伤行政认定主体的同一级人民法院。

（3）审查范围不同

在行政复议中，复议机关既可以审查工伤行政认定主体作出的具体行政行为，也可以一并审查具体行政行为所依据的部分规定是否合法，也就是对法律限定的部分抽象行政行为进行审核。复议机关在审查工伤行政认定主体的具体行政行为合法性的同时，也可以审查该具体行政行为的合理性。审查后，行政复议机关可以作出撤销、变更工伤行政认定主体作出的具体行政行为或者确认该具体行政行为违法。但是在行政诉讼中，司法机关只能审查工伤行政认定主体作出的具体行政行为，而不能对抽象行政行为进行审查，并且在原则上只能审查工伤行政认定主体作出的具体行政行为的合法性并撤销存在违法的具体行政行为。

（4）审查方式不同

行政复议对于工伤行政认定主体的审查以书面审查为主，以其他审查为例外。如果行政复议申请人提出要求或者行政复议机关负责法制工作的机构认为有必要时，才可以采取除书面审查外的方式，向有关组织和人员调查工伤行政认定的相关情况，听取申请人、被申请人和第三人的意见。而行政诉讼是以公开审理为原则，在审理中要求各方当事人均到庭参加审理、辩论、举证。

（5）审级及法律效力不同

行政复议采取的是一级复议，如果行政相对人不服行政复议决定的，不能再向更高一级的行政复议机关申请复议，但可以依照行政诉讼法的规定向司法机关提起行政诉讼。行政诉讼采取的是两审终审制，当事人对一审判决不服的，可以在法定期限内向上一级人民法院提起上诉，并由上一级人民法院作出终审判决。行政诉讼在工伤行政认定的行政救济中其裁决结果具有最终的法律效力，各方当事人必须遵守。

工伤行政认定所产生的行政复议和行政诉讼已成为我国工伤行政认定中行政相对人维护自身权益，进行行政救济的重要手段。我国的行政复议和行政诉讼虽然实施相对较早，但在工伤行政认定范围内运用较晚，且一直缺乏足够的案件数量积累，行政复议和行政诉讼审查、裁决的经验较之民事诉讼尚有不小的差距。随着社会的发展，行政复议和行政诉讼对于工伤行政认定相对人的救济能力势必与日俱增。

第三章
我国工伤行政认定法律制度的弊病

我国《社会保险法》《工伤保险条例》《工伤认定办法》自实施以来，在对受伤劳动者的工伤行政认定方面发挥了重要的作用。同时随着工伤行政认定法律制度的实施，工伤行政认定的功能日益显现。越来越多的劳动者和用人单位在发生伤害事故后选择申请工伤行政认定。以大连市甘井子区工伤行政认定工作为例，根据笔者在工作实践中的统计，甘井子区认定数量 2011 年为 1676 件（其中个人申请认定数量为 30 件）、2012 年为 1277 件（其中个人申请认定数量为 43 件）、2013 年为 1135 件（其中个人申请认定数量为 39 件）、2014 年为 1282 件（其中个人申请认定数量为 37 件）、2015 年为 1327 件（其中个人申请认定数量为 52 件）、2016 年为 1511 件（其中个人申请认定数量为 67 件），总体的认定数量在 2011 年后呈显著下降趋势，但 2014 年开始显著提升，2017 年 1 月至 6 月，工伤行政认定的数量就已经达到了 964 件，其中个人申报数量逐年提升。

然而，现行的工伤行政认定法律制度在运行过程中，也逐渐显露出一些问题，这些问题对劳动者和用人单位的合法权益造成了不利影响。

第一节　我国工伤行政认定的立法问题

一、体系性的障碍

（一）工伤行政认定的立法层次低且不协调

从我国工伤行政认定立法的实践来看，虽然《社会保险法》并未授权各省市进行工伤行政认定立法，但各省、自治区、直辖市的人大及其常委会、行政机关，均制定了地方性的工伤保险法规或规章，并在其中对工伤行政认定相关内容进行了规定。详细情况见下表（港澳台由于其特殊性，因此不在本表内进行罗列）：

区　域	规 定 名 称	实施日期
北京	北京市实施《工伤保险条例》若干规定	2011 年 12 月 5 日
天津	天津市工伤保险若干规定	2019 年 11 月 1 日
河北	河北省工伤保险实施办法	2012 年 3 月 1 日
山西	山西省实施《工伤保险条例》办法	2017 年 6 月 1 日
内蒙古	内蒙古自治区《工伤保险条例》实施办法	2014 年 6 月 5 日
辽宁	辽宁省工伤保险实施办法	2018 年 2 月 1 日
吉林	吉林省工伤保险条例	2014 年 1 月 1 日
黑龙江	黑龙江省贯彻《工伤保险条例》实施办法	2016 年 5 月 1 日
上海	上海市工伤保险实施办法	2013 年 1 月 1 日
江苏	江苏省实施《工伤保险条例》办法	2015 年 6 月 1 日
浙江	浙江省工伤保险条例	2018 年 1 月 1 日
江西	江西省实施《工伤保险条例》办法	2013 年 7 月 1 日
安徽	安徽省实施《工伤保险条例》办法	2013 年 9 月 1 日
福建	福建省实施《工伤保险条例》办法	2011 年 9 月 4 日
山东	山东省工伤保险条例	2011 年 7 月 1 日
河南	河南省工伤保险条例	2007 年 10 月 1 日
湖北	湖北省工伤保险实施办法	2015 年 2 月 1 日
湖南	湖南省实施《工伤保险条例》办法	2014 年 4 月 1 日
广东	广东省工伤保险条例	2019 年 7 月 1 日
广西	广西壮族自治区实施《工伤保险条例》办法	2017 年 1 月 4 日
海南	海南经济特区工伤保险实施办法	2012 年 5 月 29 日
重庆	重庆市工伤保险实施办法	2012 年 1 月 1 日
四川	四川省工伤保险条例实施细则	2004 年 1 月 1 日

续表

区　域	规定名称	实施日期
贵州	贵州省工伤保险条例	2012年3月1日
云南	云南省实施《工伤保险条例》办法	2012年1月1日
西藏	西藏自治区实施《工伤保险条例》办法	2012年11月1日
陕西	陕西省实施《工伤保险条例》办法	2011年2月25日
甘肃	甘肃省工伤保险实施办法	2018年9月1日
青海	青海省实施《工伤保险条例》办法	2011年11月25日
宁夏	宁夏回族自治区实施《工伤保险条例》办法	2012年10月1日
新疆	新疆维吾尔自治区实施《工伤保险条例》办法	2013年3月1日

通过此表可以发现，虽然近年来《工伤保险条例》及《工伤认定办法》未作修改，但我国所有省、自治区、直辖市均在本区域内对工伤的具体工作进行了相关立法工作。不仅如此，众多城市也制定了本市的工伤行政认定规范性文件。这些规范性文件实质是对法律、行政法规和规章的执行、细化，[①]应当看到这是各个地区对于工伤保险及工伤行政认定在立法上的有意尝试，能够在一定范围内对本区域的工伤行政认定起到有效的推动作用。但也必须看到，在各地区通行的工伤行政认定制度中绝大多数属于行政规章以及行政规范性文件，立法层级较低、法律效力较弱。而居于行政法规层面的《工伤保险条例》又无法有效协调、统领这些地方性行政规章。这种脱离中央立法的地方立法的弊端在实践中愈加明显，主要包括：

1. 重复性立法导致立法资源浪费

现行工伤行政认定的地方性行政规章大多数都存在与《社会保险法》《工伤保险条例》《工伤认定办法》以及人力资源和社会保障部下发的《关于执行〈工伤保险条例〉若干问题的意见》的相关规定内容同质化的情形。

① 彭扬、郑全新：《关于行政立法以外的其他规范性文件监督的思考》，载《行政论坛》2004年第1期，第52页。

以《辽宁省工伤保险实施办法》为例，该办法中对于工伤行政认定的规定共有十条（从第十一条到第二十条），除第十三条规定的委托承办工伤行政认定案件或者聘请第三方论证和第十八条规定的委托调查外，其余各条规定均已在其他法律中被涵盖。这意味着立法资源的浪费，使得立法应有的层级关系发生了混乱，既损害了中央立法的权威性，又违背了地方立法应当具有的功能性。长此以往，这种重复立法的行为必然导致地方立法存在价值的丧失。

2. 地方化立法导致立法内容冲突

由于地方性行政规章在立法过程中存在强烈的地方本位意识，容易导致地方化立法在立法思想上与中央立法的不统一，这种非统一性还导致了立法内容上的冲突，使法律在适用过程中难度增加。此外由于法治发展的不平衡，缺少立法约束[①]，立法起草主体层级较低，且很多时候工伤行政认定的执法主体即立法主体，因此在制定的内容中极易出现与中央立法不衔接的情形，该情形在市一级的行政规范性文件制定中表现得相对严重。以工伤行政认定申请阶段的规范性规定为例，辽宁省大连市的《大连市工伤认定工作规定》中对于行政相对人提供的就医资料没有明确诊断意见的，工伤行政认定主体可作出不予受理的决定。甘肃省武威市的《关于进一步规范全市工伤认定工作的规定》中提出用人单位在申请工伤行政认定过程中，所提交的材料除法律法规规定外，还需提供考勤记录、交班记录、排班表原件及复印件。四川省达州市的《达州市工伤认定工作规则》中用人单位在提交的材料中包括了该用人单位两人以上的证人证言及证人的有效身份证明。上述城市所作出的这些规范性规定中对于行政相对人的义务规定，比照《工伤保险条例》《工伤认定办法》，显然超出了法律及规章的范围，这也表明对于地方行政规范性文件的跟踪评估制度不够完善。[②]

① 荆月新：《略论规范性文件的监督立法》，载《云南行政学院学报》2004 年第 4 期，第 31 页。

② 张杰：《规范性文件管理制度研究》，法律出版社 2017 年版，第 234 页。

正是由于工伤行政认定立法层级较低，且政策性较强，因此缺乏必要的权威性和稳定性。作为工伤行政认定法律制度，其涉及的是劳动者的人身权益，应当具有较高的规范性及较持久的稳定性。

（二）工伤行政认定立法的公众参与性不足

公众对工伤行政认定立法的认可程度，是工伤行政认定法律制度完善的重要因素。从 20 世纪 80 年代以来，我国的立法模式开始逐步向民主化、公开化、效率化和科学化的方向发展，立法的公众参与性也得到了加强，公众可以通过听证会、座谈会向指定渠道提交建议信息，但这些参与模式较为零散，并未形成全面的公众立法参与体系。主要原因在于：

第一，公众参与立法的制度不健全。虽然我国相关法律均对公众参与立法进行了提及，但并未形成统一的公众参与立法的制度规范。无论何种立法参与模式都缺乏程序性规定，导致公众参与立法的行为失据。同时公众参与立法的渠道不畅。由于我国立法的公众参与没有形成制度化的交流渠道，因此即便公众试图参与其中，也无法通过合适的途径参与。

第二，公众参与的范围过窄。工伤行政认定法律制度涉及多个领域，并具有较强的专业性以及区域性的特点。但现有的立法体系并未主动吸纳更多的群体参与立法，造成了立法机关封闭立法，公众对立法结果不满等后果。

第三，对公众参与缺乏反馈。笔者曾多次参与立法意见征求活动，但遗憾的是所提意见极少会得到立法机关的回应。由于公众无法得到立法参与意见的回馈，久之公众将失去主动参与的兴趣。

（三）工伤行政认定的保障性缺失

根据我国工伤行政认定法律制度的规定，工伤行政认定的申请主体为用人单位、劳动者或者其近亲属、工会组织。当劳动者发生工伤事故后，如用人单位未按规定提出工伤行政认定申请，则劳动者只能由其本人或者近亲属、工会组织向工伤行政认定主体提出工伤行政认定申请。但是上述申请主体尤其是受伤劳动者及其近亲属对于工伤行政认定的流程及后续可能产生的行政复议或行政诉讼均不具有法律专业性，因此对于受伤劳动者来说，显然是缺乏保障的。所以说如果在制度设置上无法对劳动者进行保障，一旦发生伤害事故，受伤劳动者的后期救治和补偿权益很难或根本无法实现，而这些也都是立法缺失的体现。

二、利益保护失衡

（一）对受伤劳动者的倾斜保护制度缺失

1. 劳动立法的利益博弈

立法是一个利益确认、利益平衡、利益妥协的过程，法案的出台实质上是利益各方博弈的产物。以劳动法律法规的制定为例，从 1995 年起实施的《劳动法》到 2009 年《劳动法》修订，从 2008 年实施的《劳动合同法》到 2012 年的《劳动合同法》修订，在这个过程中，既有用人单位代表四处游说立法机构的身影，也有有关工会组织为了捍卫劳动者利益的呐喊；既有在华外国商会威胁“撤资”的风波，也有国际劳工组织、外国议会声援我国立法的跨国界行动。可以说劳动法律法规的立法过程中，各方的利益冲突，无疑是中国立法史上迄今为止最为激烈的。而工伤行政认定立法作为劳动立法的一个重要组成部分，存在着地方政府与当地司法机关之间的博弈，由于各级政府承担工伤保险费用支出，因此众多的省市政府在出台本省市的工伤保险实施条例或办法的过程中，更多地会考虑到自身的财政。因此在立法过程中将超过法定退休年龄的劳动者排除在工伤行政认定范围之外，而负担能力则是从法律的基本权利角度出发大力推动超过法定退休年龄的劳动者，甚至是将农民工纳入工伤行政认定范围中。在实践中，这种博弈在案件的审理及工伤行政认定申请是否受理的对抗中显现得愈加突出。这也恰恰是两个部门涉及对法律基于道德的价值判断，并也将长久地纠缠于两者的相互冲突之中。[①]从工伤行政认定的具体实践中来看，在相同事故条件下，如果一名未缴纳工伤保险费劳动者申请工伤行政认定，其被认定为工伤的可能性及认定速度要远大于已缴费的申请工伤的劳动者，根本原因就在于未缴纳工伤保险费劳动者的工伤赔偿费用是由用人单位支付，而已缴费的劳动者的工伤赔偿则是由二伤保险支付。

2. 劳动合同的当事人平等性的误区

《工伤保险条例》立法目的主要有三项：一是对于受伤劳动者医疗救治与经济补偿进行保障。二是加强工伤预防与受伤劳动者的职业康复。三是分散用人单位内因发生工伤事故而导致的经营风险。把保障受伤劳动者的救治权与经济补偿权放在第一位，是基于把受伤劳动者的利益本位，是缘于对现实的用人单位和受伤劳动者之间不对等关系的考量。

从劳动者与用人单位的关系方面来看，根据劳动法的相关规定，订立劳动合同应当遵循平等自愿、协商一致的原则。这表明了劳动者与用人单位之间的平等性，但实际中劳动合同的双方当事人在实质上却处于不平等地位。因为事实上，劳动者处于相对弱势的地位，而用人单位滥用试用期、拒绝订立劳动合同、不支付经济补偿金、不缴纳社会保险费等现象也是极为常见的。这些分配模式和不平等可以说在市场交易开始，劳动合同缔结之前就已经在那里。[②]

《工伤保险条例》中虽然规定如劳动者发生了事故伤害，但用人单位不认为是工伤的，由用人单位承担举证责任。可是由于用人单位对规章制度、考勤记录、事故见证人等方面具有相对的垄断性，使劳动者在事实认定上处于不利地位。例如，李某系某货运公司装卸工（未缴纳社会保险费），2014 年 5 月李某在搬卸时从车上跳下，致使腿部骨折，其所

---

① 王世涛、靳业葳：《税收的价值选择：以道德价值为基础》，载《社会科学辑刊》2017 年总第 203 期，第 73 页。

② 〔德〕克劳斯·奥菲：《劳动力市场和不平等》，谢静译，载《学术交流》2016 年第 9 期，总第 270 期，第 53 页。

在用人单位为逃避责任，在李某治疗期间让李某自行签下“其是因工作期间与他人嬉戏打闹致使腿部摔伤”的说明材料，并让在事故现场的其他员工作出了对用人单位有利的相关书证。李某迫于治疗的压力在说明材料上进行了签字。后李某提起工伤行政认定，工伤行政认定部门依据李某及用人单位提供的相关材料，尤其是“其是因工作期间与他人嬉戏打闹致使腿部摔伤”的说明材料，认定了李某不符合《工伤保险条例》认定工伤或者视同工伤的情形。所以说劳动关系具有的是形式上的平等性和实质上的不平等性。而当劳动者发生工伤事故后，如用人单位未按规定提出工伤行政认定申请，则只能由劳动者本人或者其近亲属、工会组织向工伤行政认定主体提出工伤行政认定申请。由于当事人知识的局限以及信息的不对称，一旦发生伤害事故，受伤劳动者的后期救治和补偿权益很难甚至根本无法实现。

因此，对于我国工伤行政认定法律制度应当在倾斜保护中寻求利益的平衡，虽然在整体的立法上实现对于受伤劳动者的倾斜保护，但在法律适用及实践机制环节，劳动者作为弱势群体的权益没有得到充实的保障。

（二）工伤行政认定的对象范围过窄

从 1951 年政务院公布的《劳动保险条例》直到 2010 年修改的《工伤保险条例》，工伤行政认定法律制度作为一种社会保障措施，其遵循的基本方针是“全覆盖、保基本、多层次、可持续”。[①] 也使得我国工伤行政认定的对象范围不断扩大，但是其认定对象的规则体系始终依赖于对象所具有的身份，如城乡差异、劳动者性别年龄以及劳动者社会身份。在我国工伤行政认定法律制度中，身份特征对于劳动者的权益享有、权益范围都有着巨大影响。

---

① 陈宝生：《全面建成小康社会：凝聚全民最大公约数》，党建读物出版社 2017 年版，第 145 ～ 146 页。

1. 城乡差异对工伤行政认定的对象范围的影响

城市、乡村在工伤行政认定法律制度中，并不是简单的“住所地”的概念，而是由长期以来的户籍制度所确定。户籍制度为在城市与乡村中工作的劳动者赋予了不同的身份和权益。根据工伤行政认定的相关法律制度的规定，用人单位主体包括中华人民共和国境内的企业、事业单位、民办非企业单位、社会团体、基金会、律师事务所、会计师事务所等组织和有雇工的个体工商户。上述组织既包括法人组织，如企业法人、国家机关法人、事业单位法人等，也包括非法人组织。其中非法人组织在城市中包含了居委会与社区，在乡村中包含了村委会以及从村民自治组织中二次整合产生并参与到农村治理中的新乡贤组织。[①]对于在城市户籍制度下的居委会和社区，其用人单位的主体资格已被法律所认可，根据2013年大连市颁布的《关于进一步规范城市社区工作人员生活补贴和社会保险等有关事宜的通知》，在城市规划区域内的社区党组织成员、居民委员会成员（含社区民政联络员）和社区专职工作者参照大连市城镇企业职工有关规定，参加基本工伤等五项社会保险。因此，在居委会和社区的工作人员也就属于了工伤行政认定的对象范围。而对于乡村户籍制度下的诸如村委会、新乡贤组织均不是相关法律法规规定的适格主体，亦不具有缔结用工劳动合同的法定资格。[②]因此导致在村委会或新乡贤组织中为村民服务的劳动者的工作安全、人身安全不在工伤行政认定的对象范围之内。这也表明了在相同情形下，城乡差异产生了截然不同的权益保障。

2. 劳动者性别年龄对工伤行政认定的对象范围的影响

在我国的工伤行政认定法律制度下，劳动者的性别与年龄存在着明显的区分。《国务院关于工人退休、退职的暂行办法》（国发〔1978〕104号）规定：

---

① 靳业葳：《新乡贤组织的制度设置与治理机制创新》，载《财经问题研究》2017年第10期，第126页。

② 江流：《村委会成员在履行职务中突发疾病死亡可否受理工伤认定？》，载《中国医疗保险》2018年第1期，第61页。

男年满 60 周岁，女年满 50 周岁，连续工龄满 10 年的，应该退休。而符合退休条件的人员一旦在用人单位工作中发生事故伤害，则其不能适用工伤行政认定相关法律进行维权，通常只能通过民事诉讼提起人身损害赔偿进行权益保障。这就使得劳动者的性别与年龄成为划分工伤行政认定的对象范围的标准。

但是随着我国老龄化社会的来临，已有大量的退休人员充实于社会的各个行业，由于其在就业过程中无须缴纳社会保险费、签订协议无法定强制性、劳动用工不受劳动法限制，使得该就业群体为众多用人单位所青睐。但该就业群体由于生理机能及劳动能力下降恰恰成为工伤事故的高发群体。以大连市甘井子区为例，在 2013 年至 2016 年期间，50 岁以上的女性劳动者及 60 岁以上男性因工作伤害申请工伤并出具不予受理决定书的比例由 2013 年的 17.6% 提高到 2016 年的 32.3%。关于老龄化对工伤发生率和严重程度的影响，有研究显示年长劳动者发生工伤事故的概率要高得多，而且同等伤害造成的结果年长劳动者要严重于年轻的劳动者，在后续的康复过程也要远长于年轻的劳动者，往往也不容易恢复到事故发生以前的工作状态。在这个过程中年长劳动者及用人单位产生了巨大的经济成本，而且年长的劳动者在经济上和生活质量上也会大幅下降。[①] 同时其再就业的可能性或困难度也远超年轻劳动者，这也就意味着老龄就业群体在事故伤害后损害加剧的可能性也远大于年轻劳动者，因此对该就业群体的工伤保护应格外关注。

3. 劳动者社会身份对工伤行政认定的对象范围的影响

劳动者的社会身份对于是否与用人单位存在劳动关系以及是否属于工伤行政认定的对象范围有着明确的界定。我国《关于贯彻执行〈中华人民共和国劳动法〉若干问题的意见》中规定，社会身份为在校学生的，其利

① S. A. Thomas, C. J. Browning & K. M. Greenwood, "Rehabilitation of older injured workers", *Disability and Rehabilitation*, 1994, 16 (3), 162.

用业余时间勤工俭学，不视为就业。该规定直接将在校大学生排除于劳动法调整的对象范围外，也意味着该群体不属于工伤行政认定的对象范围。当下随着用人单位对于其所雇用的劳动者的技能熟练程度要求越来越高，大学生就业压力与日俱增，大学生群体在校期间实习打工、勤工俭学也越来越普遍。但是由于大学生群体社会经验和技能水平的匮乏，其在工作实践中极易发生工伤事故。因为大学生心智不够成熟、青春期发育、体格未长成，在工作过程中所产生职业伤害和死亡的风险要比成年劳动者更高。因此，通过发展的视角去看待年轻劳动者的危险因素和保护因素在未来显得更为引人注目。①

上述就业群体虽然付出劳动，接受用人单位管理，获得用人单位支付的工资报酬，却由于各自身份的不同，导致其不属于我国现行劳动法律法规认定为能够与用人单位形成劳动关系的劳动者，这显然不利于相关就业群体劳动权益保护。

三、科学性的缺失

（一）工伤行政认定的认定范围过窄

目前工伤行政认定的认定范围仅限于人身损害与法定目录范围内的职业病。实践中出现的大量的新兴工伤案件在工伤行政认定执法实践过程中乃至于司法实践中不予受理情况频频出现。工伤行政认定范围体现在《工伤保险条例》第十四条、第十五条、第十六条，这几个条文主要侧重于对当前工伤表现形式的外在描述与列举，远远不能穷尽现实中工伤的表现形态。例如，《工伤保险条例》第十四条对上下班途中，受到非劳动者本人主要责任的事故

① May Sudhinaraset & Robert William Blum, "The Unique Developmental Considerations of Youth-Related Work Injuries", *International Journal of Occupational and Environmental Health*, 2010, 16 (2), 195.

进行了规定，即交通事故或者城市轨道交通、客运轮渡、火车事故伤害的，虽然相对于2003年《工伤保险条例》同一条款的规定作了较大的调整，但是，依然不能对上下班途中由于各种合理的原因遭受的交通事故工伤情形予以囊括。如今越来越多的交通工具的涌现使相关工伤认定工作者面对这些事故无所适从。例如，家住北京的邵某工作单位位于大连，周末回家后，周一其乘坐飞机返回大连上班，在飞机上因气流颠簸，颈部扭伤，后申请工伤认定。对于此，飞机作为一种交通工具并不在《工伤保险条例》所涉认定范围，因此在工伤行政认定过程中相关工作人员很难对此作出抉择。

就职业病范围方面，我国职业病分为职业性尘肺病及其他呼吸系统疾病、职业性眼病、职业性耳鼻喉口腔疾病、职业性化学中毒、物理因素所致职业病、职业性肿瘤、职业性放射性疾病、职业性传染病、职业性皮肤病及其他职业病10类132种。其中最常见职业病为皮肤病、尘肺、职业中毒。这些疾病类型都是有形的工伤表现形态，应该说只是工伤行政认定的一部分，远没有囊括全部工伤行政认定的范畴。工伤范围的外延及其表现形态局限于法定目录及种类划分方法，且需要行政部门认定，但职业病属于迟发性疾病，且以隐性伤害为主，众多的病症需要经过较长潜伏期后才可显现。[①] 因而，现行的制度设置必然导致对工伤行政认定范围理解与适用上的局限性。由于目前法律法规对工伤行政认定范围的规定以及对相关职业病的法律定义不清晰、不全面，致使劳动者由于工作原因在用人单位劳动过程中遭受的诸多损害不能被认定为工伤事故，这显然不利于受伤劳动者的权益保障。

（二）工伤行政认定的法律制度中的部分概念尚需明晰

法律概念是构建法律理论与制度的前提和基础。而法律概念的科学性则要求概念内容应当明确、具体并富有前瞻性。工伤行政认定中的相关观

---

① 朱素蓉、卢伟、戴云等:《职业病预防与工伤保险》，载《环境与职业医学》2014年第2期，第144页。

念是工伤行政认定法律制度的核心，但现行的工伤行政认定部分概念显然存在内容上的不周延性、模糊性与不确定性，这对于工伤行政认定法律制度的理论体系构建显然十分不利。

1.“工伤”与“工伤行政认定”的概念模糊

《工伤保险条例》第一条规定：“为了保障因工作遭受事故伤害或者患职业病的职工获得医疗救治和经济补偿，促进工伤预防和职业康复，分散用人单位的工伤风险，制定本条例。”这一立法宗旨对工伤的概念作了间接性描述，这也导致《工伤认定办法》对工伤行政认定概念的模糊表述。尽管是间接性或模糊性表述仍成为基本的法律依据。有观点认为工伤行政认定就是指劳动行政部门依据法律的授权对职工因事故伤害或者患职业病是否属于工伤或者视同工伤给予定性的行政确认行为。[①] 这一界定由于没有对工伤及工伤行政认定的本质问题进行有效概括与提炼，在工伤行政认定实践中依然存在很大争议。为此有学者结合《工伤保险条例》第十四条、第十五条、第十六条的规定，认为根据劳动者在工作时间、工作场所、因工作原因而导致的伤害进行工伤确认的行为是工伤行政认定，即所谓的“三工说”[②]。这些概念主张以及当前的《工伤保险条例》及《工伤认定办法》的界定在很大程度上不能与现实的工伤行政认定实践相适应。如这些概念不能解决，诸如既非遭受事故伤害也非职业病名录中规定的疾病类型，但确实是由工作原因所导致的身体伤残是否属于工伤也不能确定。又如，用人单位的工作强度大以及管理上出现的问题，导致劳动者无法忍受造成精神性抑郁症，甚至自杀、自残能不能算作工伤？或者单位领导下班以后要求员工陪同招待客户，途中车祸死亡；节假日期间单位领导安排员工在家完成一定工作任务，由于熬夜加班在家中身亡，算不算工伤；等等。现行工伤及工伤行政认定概念规定以及法律中的条文，不能有效涵摄上述情形。由此

---

① 李叶：《我国工伤认定存在的问题及对策研究》，山西大学 2011 年硕士学位论文，第 6 页。

② 陈国林：《工伤认定中的“三工”问题探讨》，载《人力资源开发》2017 年第 17 期，第 27 页。

看来，在新的形势下，针对工伤行政认定领域出现的新问题、新情况，通过法律制度对工伤及工伤行政认定加以明确界定尤为必要。

2. “近亲属”的范围不确定

依据《工伤保险条例》和《工伤认定办法》的规定，受伤劳动者或者其近亲属、工会组织在事故伤害发生之日或者被诊断、鉴定为职业病之日起 1 年内，可以直接向用人单位所在地统筹地区社会保险行政部门提出工伤行政认定申请。但是何谓近亲属？我国《刑事诉讼法》第一百零八条第六项直接确定了近亲属范围，即夫、妻、父、母、子、女、同胞兄弟姊妹。《民事诉讼法》及其司法解释、《行政诉讼法》均未作规定。《最高人民法院关于贯彻执行〈中华人民共和国民法通则〉若干问题的意见（试行）》第十二条规定：“民法通则中规定的近亲属，包括配偶、父母、子女、兄弟姐妹、祖父母、外祖父母、孙子女、外孙子女。”《最高人民法院关于适用〈中华人民共和国行政诉讼法〉的解释》第十四条第一款却又规定：“行政诉讼法第二十五条第二款规定的‘近亲属’，包括配偶、父母、子女、兄弟姐妹、祖父母、外祖父母、孙子女、外孙子女和其他具有扶养、赡养关系的亲属。”相较之下，“近亲属”范围《刑事诉讼法》的规定最为狭窄，最高人民法院的司法解释规定最为宽泛，《民法通则》实施意见的规定居中。几部法律在关于法律名词的规定上多有不同，这可能与法律所调整的特定法律关系相关联，但是，作为国家整体的法律适用对同一名词的理解应该相一致，从而更有利于行政执法与法律适用。此外在实践中也存在着工亡劳动者没有直系亲属，用人单位和工会组织又不提出工伤认定申请，此时其旁系亲属是否可以提出申请的问题。[①] 因此《工伤保险条例》与《工伤认定办法》对申请主体中的近亲属的概念未能进行明晰，应该说是一项制度疏漏。

---

① 杜强强：《论合宪性解释的法律对话功能——以工伤认定为中心》，载《法商研究》2018 年第 1 期，第 17 页。

3.“工作时间”与“工作场所”外延的局限

在《工伤保险条例》及《最高人民法院关于审理工伤保险行政案件若干问题的规定》(法释〔2014〕9号)中均对“工作时间”予以提及。1996年劳动部发布的《企业职工工伤保险试行办法》(劳部发〔1996〕266号,该办法目前已失效)第八条第四项规定了“工作区域”,《工伤保险条例》则在第十四条第一项至第三项以及第十五条第一项以“工作场所”“工作岗位”取代了“工作区域”概念,并在内涵和外延上作出了相应的扩展。

在实践中一般认为,“工作时间”是指劳动者在雇主明示或默示指挥支配下从事工作的时间[①]。“工作场所”是劳动者进行劳动的一定工作区域[②]。但随着社会生产形式的变化,劳动者的工作内容产生更加广泛的职能分工,虽然法律法规对于“工作时间”“工作场所”规定具有较大的解释空间和较高的适应性,但也容易导致标准不统一的问题[③]。

在“工作时间”方面,可以是用人单位规定的正常工作时间,也可以是正常工作时间前后的准备工作或收尾工作时间,还可以是加班或者是接受用人单位的临时指派或负责人的指派完成相关工作的时间;在“工作场所”方面可以是劳动者正常的上下班途中,也可以是当地或是外地,还可以是变动性的工作场所。据此,我国一些地方法院出台了地方性的适用标准。《北京市高级人民法院关于审理工伤认定行政案件若干问题的意见》所认定的工作时间包括劳动者在工作场所内的与工作有关的准备性或者收尾性工作时间、因工作原因的加班时间、因工作需要在工作间歇期的时间。《四川省高级人民法院关于审理工伤认定行政案件若干问题的意见》所认定的工作时间包括劳动合同约定的工作时间、用人单位制定的规章制度中确定的工

---

① 吴小娟:《论我国工伤认定不足与完善》,载《新型城镇化进程中的法律问题研究——第十届中部崛起法治论坛论文集》2017年,第227页。

② 杨曙光:《试论工伤认定中“工作场所”的涵义》,载《法学杂志》2010年第2期,第124页。

③ 马永欣、李涛、杨科雄:《〈最高人民法院关于审理工伤保险行政案件若干问题的规定〉的理解与适用》,载《人民法院报》2014年8月21日第4版。

作时间、加班的时间、完成用人单位临时指派工作的时间。《江苏省高级人民法院关于审理劳动保障监察、工伤认定行政案件若干问题的意见》所认定的工作时间包括劳动合同约定的工作时间、用人单位制定的规章制度中确定的工作时间、加班的时间。但此种列举式的概念界定无法对当今及未来的“工作时间”“工作场所”的延展加以涵盖。

4.“工作原因”难以界定

工作原因是工伤行政认定过程中对于劳动者所受事故伤害能否认定为工伤的核心要件与关键性认定标准，工作原因作为一项不确定性的法律概念需要通过立法或者立法性解释予以明确。只有对工作原因有一个普遍能够认可的概念，才能促进工伤行政认定的顺利实施。根据《工伤保险条例》的规定，劳动者在工作时间和工作场所内，因工作原因受到事故伤害，应当认定为工伤。这是法律规范上目前对于工伤含义作出的最基本的定义，即劳动者受到的事故伤害是由于其在工作中直接或间接引起的伤害，这就是通常所说的“三工”原则。一般理解认为，本款规定无论从条文字面理解上还是从立法宗旨上都是有机的整体，不可分割，缺一不可，其中工作时间、工作场所是前提条件，工作原因是核心。[①] 这种理解基本上是在贯彻立法文义解释的路径上，认为工伤行政认定最核心的内容是工作原因，其他各个要素如“工作时间”“工作场所”都可以延伸，这一点基本上能够取得理论上的共识。

根据我国现行工伤行政认定法律制度的规定，造成工伤的工作原因包括事故伤害、履职过程中遭受的暴力伤害、接触有毒有害物质导致的职业病，在特殊情况下，造成工伤的工作原因还可以延伸至交通事故、抢险救灾所导致的各类伤害事故。总之，只要是劳动者因法律确定的工作原因而导致的伤害事故，都应当认定为工伤或视同工伤。但是，这里对工作伤害进行的列举情形是不全面的，实际上是对“工作原因”的机械性理解所致。《工伤保险条例》对“工作原因”的概念未进行清晰界定，导致现行理论研

① 程琥：《前沿问题审判实务——工伤保险》，中国法制出版社 2014 年版，第 238 ～ 240 页。

究与实践中对工作原因的理解不尽一致。

一是“法定条件”说，是指只要劳动者的事故伤害满足工伤行政认定法律规定的内容即应当认定为工作原因。这种理论观点认为对工作原因判定应严格把握“因工而伤”的固有阵地，将必要生理需求纳入“预备性与收尾性工作”，以职工利益为判断基准，守住因果关系的等值要求这一底线。[①] 或者是对于工伤行政认定中的工作原因的把握，应当将造成事故伤害后的所有条件同等看待。只要伤害事故中存在工作因素，发生在工作过程中，就应当认定为工伤。[②] 该理论观点是基于工伤行政认定法律规范所规定的具体条款而形成的，通过增减条款的方式调整工作原因涵盖的范围。该观点存在的问题是容易产生对法律的机械性理解，不利于保护受伤劳动者的利益。

二是“关联”说，是指劳动者的事故伤害只要与其工作内容相关联，则应认定为工作原因。该观点认为劳动者所受到的伤害必须和劳动者所从事的本职工作相关联，或者与用人单位的经营业务、整体利益相关联，或者与国家利益、公共利益相关联。如无关联则不能认定为工作原因。[③] 关联性理论强调的是工伤伤害的造成与工作原因之间有关联性，而不在于这种关联性的具体表现形式。关联性理论存在的问题是在实践中可能导致过于宽泛的工伤行政认定，不利于科学地界定工伤与劳动者所从事的工作的客观具体的联系。

三是“因果关系”说，是指劳动者是否因从事本职工作而受伤。该学说认为劳动者受伤与履职行为有因果关系是认定工伤的关键[④]，对于因对方过失而产生的法律关系必须集中在因果性的探究上，[⑤] 认为在工伤行政认定的“三

---

① 李幸：《工伤认定中工作场所与工作原因之判定——以〈工伤保险条例〉第十四条第（二）项为视角》，载《劳动保障世界》2017 年第 23 期，第 3 页。

② 黄先：《论工伤认定中的工作原因》，载《企业技术开发》2014 年第 7 期，第 99 页。

③ 陈国林：《工伤认定中的“三工”问题探讨》，载《人力资源开发》2017 年第 17 期，第 30 页。

④ 曾照旭、李圣阳：《职工公私兼顾外出期间伤亡的工伤认定》，载《人民法院报》2014 年 2 月 27 日第 7 版。

⑤ Lewis N.Klar，Q.C：*Tort law*，Thomson Reuters Canada Limited，2012，445.

工”中，时间因素和空间因素是判定劳动者事故伤害性质的基础条件，而劳动者受伤与履职行为之间的因果关系则是工伤行政认定的必要条件。在工伤行政认定中，因果关系要件或与时间、空间要件并用，或与其中某一个要件并用。尤其在时间因素和空间因素较为模糊的条件下，劳动者受伤与履职行为之间的因果关系的判定对于工伤行政认定具有重要的意义。孤立的事故伤害并不必然会认定工伤，劳动者只有在能够证明事故伤害与本职工作具有因果联系的前提下，才有可能获得工伤认定。当然，这是就有形的工伤事故层面而言的。但在实践中，劳动者受伤与履职行为之间的因果关系中的因与果并非在所有情况下均能形成一致。笔者曾经历过一个工伤行政认定案件，李某系某快捷酒店保安，2016 年 10 月 11 日深夜 1 点，李某在酒店完成巡查后，躺在酒店大厅沙发上休息。两点左右，李某突然抽搐并在几分钟后瘫软倒地，其他工作人员经与急救中心联系后，将李某送至医院进行抢救，3 个多月后李某经医治无效死亡。通过诊断结论显示，李某系突发脑溢血而导致死亡，但在诊断结论中还表明在对李某进行开颅手术过程中，发现李某颅骨骨折（非陈旧性），因此医疗机构判断李某系颅骨骨折后引发脑溢血。在调查阶段对该酒店的 32 个摄像头进行了全面查看，发现李某在 2016 年 10 月 10 日进入酒店后未发生头部碰撞情况，也未向他人反映其头部受到过外力撞击。后向其家属及所乘坐的公交公司进行调查，从李某离开家中开始至抵达用人单位期间均未有人发现其发生过诸如摔倒、碰撞、打斗等情形。所以就本案来说，对于工作原因的认定，无论是“条件说”“关联说”以及“因果关系说”均无法对本案的伤害事故进行界定。

（三）工伤行政认定标准较为僵化

在工伤行政认定的标准方面，除认定工伤的一般标准已经较为成熟外，特殊情况下的“视同工伤”与“排除工伤”的标准均存在着争议。

1. 视同工伤的标准问题

视同工伤就是把本不应划归工伤的情形视为工伤。其中主要的问题集中在《工伤保险条例》第十五条关于在工作时间和工作岗位，突发疾病死亡或者在48小时之内经抢救无效死亡视同工伤的认定问题上。劳动和社会保障部《关于实施工伤保险条例若干问题的意见》(劳社部函〔2004〕256号)第三条规定:《工伤保险条例》第十五条规定职工在工作时间和工作岗位，突发疾病死亡或者在48小时之内经抢救无效死亡的，视同工伤。这里突发疾病包括各类疾病。关于48小时是否要严格限定:一种观点认为，由于工伤行政认定的法定性，在适用这一条时，应严格控制48小时这个条件，已经超出了48小时，不能认定为工伤。[①]另一种观点认为，即使在48小时之内没有死亡，但如果是经连续抢救无效，超过48小时仍然是因为该疾病而死亡的，亦可认定为工伤。[②]有人认为，原则上超出了48小时的，不能认定为工伤，但是连续抢救48小时，而后死亡的，亦可认定为工伤。[③]观点上的争议也是工伤行政认定实践的反映。是否严格按照法条或如何按照法条执行在工伤行政认定中令人困惑。实践中，在了解到48小时的规定后，一些家属面对正在抢救的事故人抢救时间即将超过48小时，所采取的极端做法就是在48小时到来之前放弃对于受伤劳动者的抢救，以获得工伤行政认定的确认，同时也减少自己对于救治过程中产生的高额费用(虽然是极端做法，但笔者在多年的工伤行政认定实践中了解到这种做法并非少数)。这无疑会使受伤劳动者的生命权受到侵害，但同时也不得不考虑到社会的现实情况，对于家属来说，这也是其面对现行法律规定的无奈之举。

2. 排除工伤的标准问题

我国《工伤保险条例》规定了“故意犯罪的”“自残或者自杀的”以及“醉酒或者吸毒的”等排除工伤的情形。工伤行政认定法律制度本身就是要

---

① 夏群佩、陈锦峰:《如何认定48小时内抢救无效死亡为工伤》，载《中国劳动》2014年第4期，第53页。

② 孙立凡:《杨春梅、周冬山等与东莞市社会保障局劳动和社会保障行政管理二审行政判决书》，http://www.51djl.com/document/0/2/378/4d88c304-f404-426a-9c6a-f594a9734e19.html，最后访问时间:2014年5月19日。

③ 杨科雄:《最新工伤认定规则与适用》，法律出版社2015年版，第135～137页。

保护那些善意的劳动者，即在工作中并没有故意犯罪或者主观上恶意的情况。虽然说这几项的排除工伤情况在实践中争议并不大，但仍嫌不够周延，如本书前述提出的心理（Mental）损害的概念，是劳动者在用人单位就业期间因工作原因而导致的内心损害或创伤，包括事故后应激障碍和重度抑郁障碍。而产生此种心理损害，其最危险的症状就是自残或者自杀，据研究，存在心理障碍的人自杀率比一般人群高 20 倍。随着我国生产现代化和人工智能在生产经营中的广泛使用，劳动力供大于求的趋势将在一定时期内更加明显，随之而来的就业压力、竞争压力在劳动者内心的触动将愈加强烈。从组织行为学的角度看，心理损害是员工认知失调造成的，认知失调是指任何形式的态度和行为不一致都会令人感到不舒服，因此个体会努力减少这种不协调、不舒服。[①] 如果这种认知失调无法改善，那么当劳动者的压力累积到一定程度时，就有可能形成本书所述的事故后应激障碍和重度抑郁障碍，从而导致自残或自杀的发生。数据显示，中国的抑郁症患者已经超过 2600 万，其中 10%～15% 的抑郁症患者最终将死于自杀。[②] 面对如此惊人的数字，作为保护劳动者身心健康的重要的工伤行政认定法律制度，理应予以规范。

第二节　我国工伤行政认定行政主体制度存在的问题

一、工伤行政认定的组织体制不顺

工伤行政认定组织体制是指工伤行政认定组织内部的各层级之间的权责配置关系和组织构成体系中各种制度规范的总和。对工伤行政认定组织体制的考察应注重三个方面问题：一是工伤行政认定主体本身的组织结构；

① 司洪玉博：《富士康管理事件行为分析》，载《经济研究导刊》2011 年第 19 期，第 101 页。
② 周嘉：《浅谈抑郁症》，载《医学信息》2010 年第 11 期，第 363 页。

二是工伤行政认定组织内部结构的运行方式；三是工伤行政认定主体与相关行政主体之间的关系及其运作方式。现行工伤行政认定组织体制所存在的问题主要是：

（一）工伤行政认定的组织构成缺乏独立性

工伤行政认定的组织构成是指工伤行政认定行政主体内部的结构组成配置及其相互关系以及它们在运转过程中与其他法律主体之间的相互关系及其运作方式与过程，这包括行政权力的横向配置和行政权力的纵向配置。[①]以辽宁省大连市人力资源和社会保障局的结构组成来看，主要组织结构分为内设机构和事业单位，其中内设机构 23 个，事业单位 20 个，与工伤行政认定相关的内设机构有政策法规处、劳动关系处、工伤保险处、信访仲裁处等；相关的事业单位有大连市社会保险基金管理中心、大连市劳动监察支队、大连市劳动人事争议仲裁院、大连市劳动能力鉴定中心等。其中由工伤保险处负责拟定工伤保险政策、发展规划并组织实施；拟定和组织实施工伤认定、劳动能力鉴定、工伤康复等工伤保险管理；配合有关部门拟定工伤保险基金管理办法；负责工伤保险协议（定点）医疗机构、药房、康复机构和辅助器具安装机构资格确认及监督检查；负责机关企事业单位工伤认定工作；组织实施工伤预防和工伤康复工作，承担市劳动能力鉴定委员会办公室的日常工作。从以上结构组成可见，工伤行政认定只是设于人力资源和社会保障局内设机构工伤保险处的部分职能，并不具有相应的独立性。而且工伤行政认定部门与人社局其他部门共同组成了工伤行政认定的制定者、执行者以及监督者，显然导致工伤行政认定机构的职责不清，缺乏更多的外部监督机制，对于工伤行政相对人的权益显然无法保证。

此外，由于工伤行政认定主体独立性的缺乏，其必然产生行政惰性。比

① 杜欣宜:《“一带一路”战略下的行政体制改革》，载《“一带一路”战略与区域司法保障》2016 年版，第 44 页。

如，对劳动者与用人单位之间关系的认定上，虽然工伤行政认定相关法律规定允许工伤行政认定主体在工伤行政认定程序中认定双方之间是否存在劳动关系，但通常情况下，工伤行政认定主体极少启动该职权，而是要求劳动者提供具有法律效力的劳动关系证明材料。

（二）工伤行政认定的组织体制运行缺乏有效衔接

工伤行政认定的主体在其职权上不仅包括工伤行政认定的实施职能，还包括其制定相关政策、标准以及负责工伤保险监督管理以及劳动能力鉴定等。这无疑使工伤行政认定的主体形成了“一条龙”包办的规则制定者、执行者与监督者。工伤行政认定主体权力过分集中，缺乏必要的监督，不利于我国工伤行政认定制度的进一步发展。

另外，工伤行政认定的行政确认过程中需要其他部门的充分协助，与安监、公安、医院、工会、社区组织、劳动能力鉴定、劳动仲裁等均有着密切联系，但由于制度的缺失，导致工伤行政认定主体与其他机构之间缺乏沟通协调机制。以工伤行政认定主体与医疗机构为例，工伤行政认定是一种对医疗专业知识与技术依赖性较高的行政行为，尤其在工伤行政认定主体实施确认行为的过程中需要对医疗机构出具的相关医疗诊断证明进行分析，并以此作为出具工伤行政认定结论的重要证据。

医疗诊断证明是医疗机构出具的具有一定法律效力的医疗文件，也是记录患者疾病发生、发展情况以及医院对疾病诊断、检查和治疗情况的有效载体。[①] 在劳动者发生事故伤害到医治终结，医疗机构始终贯穿其中。因此医疗机构对劳动者的医治情况最为了解，同时其也是第一时间了解劳动者事故经过的主体，比较工伤行政认定主体而言，其更具优先性。但在实践中，医疗机构在工伤行政认定过程中只是负责受伤劳动者的治疗和出具医疗诊断证明，其与工伤行政认定主体之间缺乏必要的法律衔接。在大多数工伤

---

① 郝玉玲：《医疗机构诊断证明的采信》，载《中国医疗保险》2012 年第 11 期，第 63 页。

行政认定案件中，医疗诊断证据是唯一的专家意见证据，而负责工伤行政认定的工作人员大多数仅为法律专业人员，缺乏专业的医学知识，无法对医疗诊断证明进行实质上的审查，这就影响了工伤行政认定主体在认定过程中对证据的判断力。从根本上说，导致这种问题的根源是工伤行政认定主体与劳动者就医的医疗机构之间存在分离，使得工伤行政认定主体无法在劳动者就医的第一时间对其伤害事实进行有效的了解，虽然依据法律规定给予认定为工伤的结论，但该结论显然缺乏必要的科学性。因此，工伤行政认定应当与医疗体系相衔接，构建科学的工伤行政认定机制。[①]

再以工伤行政认定主体与安全生产监督管理机构为例，由于相互之间缺乏必要的信息共享机制，一方面使得众多劳动者在工伤事故发生后无法得到及时的法律支撑，另一方面用人单位的安全隐患并没有得到及时的消除。

二、行政主体的职权不力

从当前工伤行政认定有关职权方面的规定来看，《工伤认定办法》第八条至第十四条对当前工伤行政认定的职权作出明确规定。通过对现有规定分析，可以看出目前工伤行政认定主体享有的职权主要包括：第一，受理权。主要是在法定受理时限内对用人单位、受伤劳动者及其近亲属、工会组织在事故伤害发生或者被诊断、鉴定为职业病后提交的申请材料进行受理。第二，调查权，其中包括主动调查权、委托调查权。主动调查权是指工伤行政认定主体的工作人员根据工作需要，就受伤劳动者事故伤害依据职权进行调查的权力。委托调查权是指组织体制根据工作需要，依据法律规定委托其他工伤行政认定主体或者相关行政主体进行调查的权力。第三，

① 孙树菡、余飞跃：《构建科学的工伤保险预防机制》，载《中国社会保障》2007 年第 3 期，第 23 页。

工伤行政认定确认权，即工伤行政认定主体对于事实清楚、权利义务明确的工伤行政认定申请，在规定时限内应当作出工伤行政认定决定。

上述权利的规定在一定意义上赋予了工伤行政认定主体履行职责的相关权能，但是，从目前这些权能的实际运用来看还存在很大的问题。这些问题主要表现在：一是工伤行政认定的执法手段欠缺，权能不足。目前的工伤行政认定手段措施很显然不能适应与日俱增的工伤行政认定实践的现实需求，执法手段疲软，使得工伤行政认定执法工作步履维艰。工伤行政执法人员不能对事故现场进行查封，不能对相关现场证据材料进行扣押、登记封存，不能强有力地进行现场调查。此外，调查取证过程中遇到相关用人单位或其他组织机构不予配合，缺乏有效的制约手段，严重影响工伤调查证据的固定与获取。二是工伤行政认定职权法律依据不足。如工伤行政认定的主体具有工伤预防的职能，而工伤预防应具有对监督检查用人单位安全生产条件、劳动者劳动保护及职业健康的职责范围，但实践中该项职能由安全生产监督部门所行使，且安全生产监督管理部门对于用人单位所发生的安全生产事故具有进行惩罚和责任追究的执法权限。因此，工伤预防对于工伤行政认定主体而言仅属于指导层面，并不能对用人单位起到实质的规制作用。

三、行政主体的人员配备不足

工伤行政认定主体的行政确认行为依靠的是行政人员的执法活动付诸实施的，行政人员必须是工伤行政认定主体的在编人员。行政人员占用的是工伤行政认定主体依法赋予的编制，接受的是工伤行政认定主体的管理。行政人员可以以工伤行政认定主体的名义行使工伤行政认定主体的职权，对行政相对人实施工伤行政认定的确认行为。同时行政人员还应当取得执法资格，没有执法资格的行政人员不得从事工伤行政认定工作。行政人员的执法后果由其所在的工伤行政认定主体承担。行政人员在被授权的职权范围内实施的任何工伤行政认定法律行为，都是代其所在的工伤行政认定主体进行的。但是从工伤行政认定的组织体制人员构成来看，现有的各级工伤行政认定人员均处于缺乏的状态。以辽宁省大连市甘井子区为例，工伤行政认定年认定数在1400件左右，但具有编制的人员仅有3人，其余均为事业单位借调或社区大学生协助。根据笔者向大连市社会保险经办机构了解，截止到2017年12月底，大连市甘井子区共有就业人数518990人，这还没有包括大量未统计在内的就业人数，五险缴费（含工伤保险）人数约18万人，农民工两险缴费（包括医疗保险和工伤保险，但该缴费模式已于2017年11月取消）人数约4万人，所以现有的工伤行政认定主体的行政人员数量根本无法满足现实需要，这一方面降低了行政效率，另一方面也无法保障工伤行政认定的严肃性。

此外，由于人员选拔机制的问题，很多地区的工伤行政认定的工作人员缺乏法治思维。法治思维是指以行政行为的合法性为出发点，以追求公平正义为目标，按照法律逻辑和法律价值观思考问题的思维模式。[①]我国在工伤行政认定主体的人员配备上，安排了大量没有经过专业法律培训或学习的工作人员从事具体的工伤行政认定工作。这样的人员配备，使得工伤行政认定主体执法能力受到很大的限制。

第三节　我国工伤行政认定法律制度的行政程序问题

我国工伤行政认定的行政程序设计不合理，存在工伤行政认定的程序公正性偏失、效率性不足、矛盾性冲突等问题。

---

① 张治宇、杨彬权、张琳：《全面守法：为什么要遵守以及如何遵守法律》，法律出版社2017年版，第67～68页。

一、行政程序的公正性偏失

工伤行政认定的行政程序存在有失公正的问题。首先，规定用人单位30天内申报工伤的优先权对于受伤劳动者而言有失公平。在整个工伤行政认定制度中，受伤劳动者的人身权益保障是工伤行政认定法律制度的终极价值，用人单位虽然享有此项申请的权利。但是这并不应牺牲受伤劳动者的权利，在用人单位出于某种原因未能及时申请或者不予申请时，受伤劳动者不得不忍受30天的期限之后才可由其本人或者近亲属、工会组织等向工伤行政认定机构提出工伤行政认定申请。这一方面在一定程度上影响了受伤劳动者及时得到赔偿救济，另一方面也延误了受伤劳动者积极维权。也容易导致受伤劳动者及其家庭背负沉重的经济压力。

其次，延长时限的规定不适用于受伤劳动者，仅限于用人单位。该规定对于受伤劳动者而言也是有失公正的。法律规定特殊情况下予以延期是为了解决不确定的特殊因素，如船员在外航行过程中发生事故，相关船医医疗资料无法及时提交。但是作为工伤行政认定的应当首要考虑受伤劳动者在延期中的权利。当用人单位因为特殊原因，未能在规定的30日内提出申请的，如果有正当理由，可以适当延长。然而对于受伤劳动者在超过规定时间即1年以后的申请，工伤行政认定部门不予受理。即使受伤劳动者有合理理由也无权延期，这有违公平原则不能有效地保证受伤劳动者应有的权益。申请时限制度的目的之一是督促合法权益受到侵犯的劳动者尽可能地在一定时间段内去积极地获得社会保障，但是如果这个时限无法保障受伤劳动者的申请工伤的时间，就直接影响工伤认定的监督与救济目的。[①] 这在一定程度上加重了对受伤劳动者的权益侵害。

① 杨曙光：《工伤行政确认研究》，法律出版社2016年版，第81页。

二、行政程序的效率性不足

工伤行政认定中的行政高效是一项重要原则，而其中提升工伤行政认定的行政程序的效率是实现这一目标的重要手段。但在实践中，工伤行政认定的程序效率不高，尤其体现在工伤行政认定争议的处理程序耗时且复杂，而其中各种主体在不同程序中的博弈，亦引起劳动者在遭受工伤后难以维权的诸多尴尬。[①]

从目前的工伤行政认定相关规定来看，首先在工伤行政认定申请环节，如果劳动者个人申请需要提供劳动关系证明材料，当受伤劳动者无法提供时，通常需要先确认与用人单位存在劳动关系，虽然工伤行政认定法律制度原则上规定了工伤行政认定主体具有确认劳动关系的权力，但是由于缺乏具体的程序及法律适用规定，导致该权力无法行使。其次在文书送达环节，如果用人单位采取了恶意回避领取相关文书的行为，工伤行政认定主体则需要按照民事送达的程序进行，即直接送达—邮寄送达—公告送达。最后在调查环节，由于用人单位的恶意回避，以及工伤行政认定主体与医疗机构在受伤劳动者治疗环节的不衔接，工伤行政认定主体常常需要通过劳动能力鉴定机构对劳动者的伤情进行伤病因果关系鉴定。由此而来，最长的工伤行政认定案件可能需要耗费数年之久，导致劳动者的基本权益严重受损。

在这种制度设定下，用人单位的利润驱动往往会克制其道德上的考量，虽然他们的行为会受到管理机构或者舆论的批评，也可能会遭到同行们的谴责，但面对自身的利益，他们认为自己有理由利用法定的程序来拖延并迫使劳动者接受低报酬的决定[②]。一些用人单位发生工伤事故后，采取的解决方式是“一否、二拖、三关门”，第一步否认劳动关系，第二步运用法律程序，

① 卢祖新、龚海南：《对工伤救济程序的反思》，载《人民司法》2012年第1期，第99页。

② Bill Braithwaite, “Personal Injury Lawyer’s Ethics”, *Legal Ethics*, 2003, 6 (1), 7.

不断累诉，第三步注销企业。对于劳动者来说，诉讼成本与工伤待遇存在巨大落差。面对受伤劳动者已有的工伤行政认定决定，一些用人单位以不服工伤行政认定决定为理由委托律师与受伤职工或其近亲属展开马拉松式诉讼，从而将受伤劳动者或者其近亲属拖垮。例如，张某系某劳务派遣有限公司员工，未缴纳社会保险费，2013 年 8 月其在用工单位某商业学校值班过程中突发脑溢血死亡。张某的家属经与单位沟通无果后，提起工伤行政认定。工伤行政认定机关认定张某符合视同工伤的情形，作出工伤行政认定决定。之后用人单位启动行政救济程序，提起行政复议、行政诉讼（一审、二审），使得张某家属无法长期支撑，精神压力陡增，原本用人单位需要赔付 60 余万元，结果双方最终以 18 万元调解结束。

近年来工伤行政认定的行政复议、行政诉讼案件呈明显递增的态势，这其中大部分就是用人单位试图利用诉讼程序与受伤劳动者或其近亲属进行工伤待遇方面的谈判。此外还存在受伤劳动者对用人单位财富转移的被动性。通过上述一系列的行政复议、行政诉讼，受伤劳动者或者其近亲属获得了工伤赔付的权利，但到了执行阶段，用人单位却早已将自己的财富进行了转移，致使工伤待遇受益人因行政复议、行政诉讼花费了大量时间与金钱，结果却只能空守一纸判决，留给自己的只有受伤的身体。例如，2012 年 7 月，胡某在某灯具公司安装灯具时，从高处摔落致死。胡某家属经劳动关系确认的劳动仲裁、行政诉讼一审、二审后，提起工伤行政认定，工伤行政认定机关认定其符合视同工伤的情形，作出工伤行政认定决定。随后用人单位就不服工伤行政认定决定提起行政复议、行政诉讼（包括一审、二审）。经人民法院最终判决，维持工伤行政认定决定。判决生效后，胡某家属就工伤待遇问题提起劳动仲裁、民事诉讼（包括一审、二审）。耗时 3 年多，胡某家属取得了最终的待遇确认的判决，可是在执行过程中，胡某的家属发现该灯具公司早在确认劳动关系期间便已注销，经营者的财产早已转移，出现了执行不能的境况。

工伤行政认定在法律程序中的低效率也造成了许多劳动者在事故发生

后不愿意通过工伤行政认定维护自身权益，往往通过妥协、调解或者上访的方式解决自身的问题。

三、行政程序的矛盾性冲突

工伤行政认定法律制度中行政程序的矛盾性冲突主要体现在工伤行政认定程序与行政救济程序的举证责任分配上。根据《工伤保险条例》第十九条的规定，如果受伤劳动者或者其近亲属认为劳动者所受事故伤害是工伤，而用人单位不认为是工伤的，则用人单位应当在工伤事故调查阶段承担举证责任。这是立法基于对劳动者与用人单位之间就证据持有的范围、举证能力的高低、维护安全生产的责任以及未来持续生存的能力等多方面因素考量后，设定的“举证倒置”的原则。同时《工伤保险条例》还规定了工伤行政认定主体不仅需要对行政相对人提交的材料进行核实，还可以“根据审核需要”对相关证据进行实质审查，对证据的真伪进行甄别，有时甚至要根据冲突的证据认定事实，至少要达到“使对特定事实的采纳具有合法性”的程度。[①] 因此工伤行政认定程序中的调查是“举证倒置”基础上的证据审核过程。

从维护相对弱势的劳动者权益角度出发，工伤行政认定采用“举证责任倒置”的规则无可厚非。但是由于劳动者伤害事故具有紧急突发、不可回溯的特点，对于一些较为特殊的案件，一味地采用举证责任倒置也可能不公平。例如，劳动者在上下班途中受伤或者上班期间受伤但无人为证且本人也未向他人表明，返回家中后方发现受伤等，而此时用人单位往往对劳动者受伤原因信息的掌握处于不利地位，举证较为困难。[②] 例如，本书前述的在快捷酒店工作的李某突发脑溢血，后发现颅骨骨折一案，用人单位

① 郑晓珊：《工伤认定的程序理性》，载《甘肃政法学院学报》2013年第3期，第11页。

② 戴志良：《职工在工作场所外受伤的工伤认定中用人单位举证责任探讨》，载《法制与经济》2017年第10期，第78页。

虽穷尽举证之能，但也无法作出排除一切因工受伤可能的反证证据。而对于受伤劳动者，行政立法及行政执法均采取的是“倾斜保护”原则，因此如果用人单位举证不能，或者举证不够充分，工伤行政认定主体就会支持作为弱势群体的受伤劳动者，认定其所受事故伤害属于工伤。

而工伤行政认定主体在调查过程中同样面临此种问题，工伤行政认定主体调查的目的在于最大限度地还原事故现场，这也是其在工伤事故审核调查过程中应有的法定性和义务性。但在实际中，这种还原由工伤行政认定的主体来完成难度可想而知。例如，庞某系某婴幼园教师。2013年10月29日早上，该婴幼园园长接到庞某电话称：“10月28日下午四点左右其在带领小朋友活动时，不慎被小朋友绊倒扭伤右脚，当时没在意，晚上感觉疼痛加剧，前往医院，经查为右外踝骨折。”当日庞某委托其家属向单位递交了请假条及相关就医材料，在其就医材料中显示：“就诊时间：19时25分；病史记录：右踝扭伤4.5小时。”后该单位向其他员工了解，无人发现张某当时发生扭伤的情形，因此单位拒绝申报工伤。2014年1月4日，庞某就其在工作期间受伤一案向工伤行政认定部门提出工伤认定申请，并提交了相关申请材料。2014年1月7日，工伤行政认定部门经审核后，向庞某出具了《工伤认定申请受理通知书》，并于同日依法向某婴幼园送达了《伤亡事故举证通知书》编号。在规定期限内，某婴幼园提供了相关证人证言，相关证人证言均表示“未发现庞某有过摔倒或扭伤的情形”“未看出庞某行走有异常”。后工伤行政认定部门在调查中发现该婴幼园所提供的证据中，要么相关人员不在事故现场，要么仅能证明庞某在事故当日16时15分许“行走无明显异常”，均不能证明“事故当天没有发生第三人脚扭伤的事”。因此工伤行政认定部门认定庞某所受事故伤害符合《工伤保险条例》第十四条第一项规定，属于认定为工伤范围，2014年3月5日，工伤行政认定部门出具《工伤认定决定书》。

在上述案件中，如用人单位对工伤行政认定的结果不服而申请行政诉讼，则此时的举证责任与工伤行政认定阶段的举证责任完全不同。根据最高人民法院的行政诉讼证据司法解释的规定，行政诉讼被告，也就是工伤行政认定主体对其所作出的具体行政行为承担举证责任。从司法的角度来看，行政主体承担举证责任的原因在于，首先，行政主体承担举证责任是依法行政的基本要求。依法行政的基本要求是行政法的基本原则，要求行政主体对于所实施行政确认行为应立足于证据的合法、充分地取得的基础上，然后依据相关法律法规的规定对劳动者的伤害事故作出是否予以确认的行政行为。其次，从一般思维视角来看，行政主体对于行政相对人来说，其证据的获取方式和获取范围要远大于行政相对人，因此对于司法机关来说，在行政诉讼过程中，行政主体应当提供其作出被诉具体行政行为形成的全部证据。因此在实践过程中，行政主体的“倾斜保护”与司法机关的“司法公正”极易产生矛盾性冲突。毫不夸张地说，这是一场豪赌，标的巨大（倾斜保护与司法公正），押注的筹码却明显悬殊，赌输了，一方不过是造成业绩上的损失、职务上的失职；[①] 另一方，作为受伤劳动者丧失的却是及时救治的机会，且会造成受伤劳动者整个家庭真切的身心之痛。

第四节 我国工伤行政认定的行政救济制度存在的问题

工伤行政认定的行政救济是工伤行政认定中的行政相对人因对工伤行政认定主体出具的工伤行政认定有关结论不服而采取的法定救济途径，具体方式包括行政复议和行政诉讼。

一、工伤行政认定行政复议体制的局限

依照我国《行政复议法》的有关规定，在工伤行政认定的行政复议过程中，行政复议机关通常对工伤行政认定主体实施的具体行政行为采用的

① 衣家奇、姚华、徐蕾：《公正司法：司法是如何运行的》，法律出版社 2017 年版，第 101 页。

是书面审查的方式。工伤行政复议机关在对行政相对人提出的复议申请进行受理后，将依据行政复议双方提供的书面材料对工伤行政认定主体实施的具体行政行为的合法性和适当性进行审查，包括具体行政行为确认的事实是否清楚、取得的证据是否充分、适用的法律依据是否正确、遵循的行政程序是否合法、是否超越职权或滥用职权、具体行政行为的幅度和方式是否合理。同时在审查的过程中，行政复议机关也可以采取调解的方式解决争议问题。但在实践过程中，由于工伤行政认定的行政复议主体缺乏独立性、人员缺乏专业性，导致工伤行政复议的公正性的缺失。行政复议制度在实际的运作实践中那种高效率、低成本、方便快捷与灵活性等方面并未真正发挥出来。①

当前的工伤行政认定的行政复议机构仅为行政复议主体的内设机构，隶属于各级政府或工伤行政认定主体上级行政机关的法制部门，通常以行政复议办公室的形式出现，并没有独立的行政主体地位。而各级政府或工伤行政认定主体上级行政机关与工伤行政认定主体之间的职权和利益的关联性和一体性，导致工伤行政认定的行政复议的“官官相护”，复议机关很少会对已生效的工伤行政认定结论予以纠正，而是将当事人推向行政诉讼程序。而且，由于工伤行政认定相关法律制度的缺失，在工伤行政认定的法律适用过程中，作为区县一级的工伤行政认定机构时常会采用上一级主管部门制定的规范性文件作为具体行政行为实施的依据。一旦由于规范性文件的理解错误，在行政复议期间，上级工伤行政认定主管部门绝对不会对其自身制定的规范性文件予以撤销或否认，这实际上是“自己当自己的法官”，违反了正当行政程序原则，当事人很难实现救济目的。②而工伤行政复议主体这种缺乏独立性的构建也使得行政复议的公信缺失，致使大部分行政相对人在工伤行政复议结束后选择继续进行行政诉讼。另外，工伤行政认定

① 杨海坤、朱恒顺：《行政复议的理念调整与制度完善——事关我国〈行政复议法〉及相关法律的重要修改》，载《法学评论》2014年第4期，第25页。

② 张峰振：《论不当行政行为救济途径》，载《理论与改革》2014年第6期，第139页。

从其过程来看极具专业性，无论是对医疗诊断的分析，还是对鉴定报告的判断，行政复议机构很难掌握全面的专业知识和技能。因此在行政复议过程中，如果缺乏横向的沟通，不能保证行政复议结论的公平和正确。

此外，行政复议人员以行政复议机关的名义具体审查复议案件并作出复议决定，应具有与其职责相应的专业知识和工作经验。但我国现行法律对复议人员任用资格无明文规定，行政复议人员流动性大，行政复议工作缺乏必要连续性。以大连市人力资源和社会保障局行政复议来看，作为一个副省级城市的局级单位，其行政复议负责人员仅有两人，除一名负责人外，具体进行行政复议工作的其实仅有一人，且几年内人员更迭频繁。更重要的是，相关行政复议人员并不具有相关法律的专业背景，由此制作出的行政复议决定的质量不高。

二、工伤行政认定行政救济与社会保障间法律适用的矛盾冲突

对于受伤劳动者维权过程中所实施的行政救济是一个庞大的系统法律制度体系。从行政主体到司法机关，从部门法到地方性法规，对于工伤行政认定的行政救济只有各项法律制度形成统一整体才能有效地促进对受伤劳动者的保护，以及对用人单位基本权益的维护。其中尤以对用人单位中超过法定退休年龄的劳动者发生事故伤害的制度体系的逐步完善过程最为显著。

例如，“高某工伤认定申请不予受理案”。[①]2015年6月，高某因其2014年7月在工作中被车辆撞伤一事向大连市某工伤行政认定机构提出工伤行政认定申请。工伤行政认定主体经审核后，认定高某在发生事故时已

① 中国裁判文书网：《原告高义忠不服被告大连市甘井子区人力资源和社会保障局劳动和社会保障行政受理纠纷一案行政判决书》，载中国裁判文书网，http://wenshu.court.gov.cn/website/wenshu/181107ANFZ0BXSK4/index.html?docId=5b7ad8320d4e4b5abf11a73500b0f8a7。最后访问时间：2019年11月4日。

经超过法定退休年龄，随后按照《国务院关于工人退休、退职的暂行办法》（国发〔1978〕104 号）第一条第一项的规定，“全民所有制企业、事业单位和党政机关、群众团体的工人，符合下列条件之一的，应该退休。（一）男年满六十周岁，女年满五十周岁，连续工龄满十年的”，以及 2005 年《辽宁省工伤保险实施办法》中“对于离退休人员或者超过法定退休年龄的人员被用人单位聘用后，因工作遭受事故伤害或者因现工作岗位性质患职业病的，劳动保障行政部门不予受理工伤认行政定申请”的规定，对高某的工伤行政认定申请作出不予受理的决定。后高某对该决定不服，提起诉讼。法院认为超过法定退休年龄的劳动者在工作时间内因工作原因伤亡的，属于《工伤保险条例》的调整范围。其主要依据的是《最高人民法院行政审判庭关于超过法定退休年龄的进城务工农民因工伤亡的，应否适用〈工伤保险条例〉请示的答复》（〔2010〕行他字第 10 号）的司法解释，判决工伤行政认定机关重新作出工伤行政认定。但是司法解释并不能成为工伤行政认定机关认定工伤等法律依据，因此工伤行政认定机关极易再次作出不予受理的决定。一方面，从司法机关的角度运用司法解释作出的判决无可厚非，另一方面，对于工伤行政认定主体只有也只应当运用行政法律法规。由此产生了行政法规与司法解释在适用过程中由于竞合关系而引发冲突的问题。面对此类问题，2016 年人力资源和社会保障部公布的《关于执行〈工伤保险条例〉若干问题的意见（二）》（人社部发〔2016〕29 号）规定，达到或者超过法定退休年龄，但未办理退休手续或已经领取城镇职工基本养老保险待遇的人员，继续在原用人单位工作期间受到事故伤害或患职业病的，用人单位依法承担工伤保险责任。随后部分省市依次对地方性法规进行了修改。以辽宁省为例，2018 年新修订的《辽宁省工伤保险实施办法》中针对超过法定退休年龄人员的工伤行政认定申请所涉及的条款调整为已依法享受养老保险待遇或者领取退休金的人员被用人单位聘用后，工作期间因工作原因遭受事故伤害，且用人单位未按项目参保等方式为其缴纳工伤保险费的社会保险行政部门不予受理工伤行政认定申请。可以看到，工伤行政认定对于超过法定退休年龄的工伤行政认定申请的受理范围正在逐步扩大。工伤行政认定行政救济对于受伤劳动者权益的保护正在形成合力。

但是物无非彼，作为行政相对人的另一方——用人单位，在这个过程中若想在保护受伤劳动者合法权益的同时维护自身权益，就应当为超过法定退休年龄的劳动者继续缴纳社会保险费，这也是行政机关与司法机关在履行对超过法定退休年龄的受伤劳动者行使行政救济义务过程中所应有之义。可是在实践中，以辽宁省大连市为例，社保征缴机构依据《劳动法》《劳动合同法》《社会保险法》《劳动合同法实施条例》的相关规定，认定劳动合同是劳动者与用人单位确立劳动关系的协议，当劳动者超过法定退休年龄时，劳动合同终止，以此为基础的劳动关系也无法确立，因此社保征缴机构对于用人单位超过法定退休年龄的劳动者采取不予征缴。这就导致用人单位陷入两难境地，一方面要依照法律承担工伤保险责任，另一方面却无法依靠社会保障政策维护自身权益，一旦用人单位的超过法定退休年龄的劳动者发生事故伤害，则极易让用人单位的生产经营陷入困境，从而影响社会经济与就业的发展。

第四章

域外工伤行政认定法律制度的发展与借鉴

他山之石，可以攻玉。借鉴其他国家工伤行政认定法治经验对我国的工伤行政认定法律制度的完善十分必要。本书对西方国家工伤行政认定法律制度发展的历史以及现行制度进行介绍分析，以期对我国工伤行政认定法律制度的完善有所启示。

第一节　域外工伤行政认定法律制度的发展

纵观各国工伤行政认定法律制度发展历史，总的来说，各国工伤行政认定法律制度蕴含在其劳工状况及经济与社会发展之中。因此考察工伤行政认定法律制度的历史发展及其状况，实际上也就是考察不同时期各国劳工状况，而工伤行政认定的相关法律制度是各国劳工制度的重要组成部分。从世界经济史的视角观之，工伤行政认定法律制度实际上是工业革命的产物，工伤行政认定法律制度就其产生的实质表现形式和规模化与近现代社会的工业生产相联系。因而，对二伤行政认定法律制度的考察不能绕开对世界上主要资本主义国家经济发展史的考察，特别是与工伤行政认定法律制度极为紧密相连的劳工制度的考察。

一、域外工伤行政认定法律制度的形成

域外的工伤行政认定法律制度产生与发展并不是一帆风顺的，而是经历了一个漫长的历史发展过程。工业革命开始到 20 世纪初是工伤行政认定法律制度从无到有的形成阶段，但是在制度设定方面，特别是工伤行政认

定的价值理念、原则、认定对象以及认定内容的范围对于现今的工伤行政认定法律制度建设的走向有着深远影响。

（一）价值理念：从漠视劳动者生命权到保障劳动者基本生存权

在工业革命的早期，农业劳动者初步摆脱农耕的习惯，在走向城市逐步实现城市化的过程中还存在着诸多不适应。脱离土地的农民对工业化生产方式特别是对工厂里面的大机器生产还存在着较大的陌生感，对机器生产作业还存在着一个逐步适应的过程。可是随着工业革命的全面展开，机械化、工业化生产大规模地适用以后，高速运转的机器导致事故频发。因未加保护，劳动者在生产过程中产生的各类伤害以及与各类职业紧密相关的职业病危害，特别是各种急慢性毒害事件和各类恶性工伤事故及次生事故经常发生。但在利润的驱动下，工业资本家们及当时的社会管理者对此视而不见，在工厂用工方面毫无顾忌，只要能够创造利润，不在乎所用之人是妇女还是童工。1834 年，法国的维尔纳夫·巴热蒙公布了一份关于劳动者贫困的调查书。随后在南特从事调查的盖博博士指出，劳动者居住在污秽不堪的破屋里，身心备受摧残。此后，维勒梅博士对机械化程度最高、最集中的部门即纺织业中的劳动者进行了广泛调查，他得出的结论比其先行者更触目惊心：贫困化与疾病、工伤事故等几乎要从肉体上消灭劳动者阶级。①

由于资本家们对劳动者生命权的漠视，在这一时期的伤亡事故的数量是极其惊人的，从 1850 年到 1950 年在英国大约有四分之一的矿工遇难或者受伤。②而在美国 1909—1910 年一年间，明尼苏达州就发生了 10463 起工业事故，其中 343 起造成了人员死亡。同期在新泽西州遭受严重伤害的

---

① 吕一民：《法国通史》，上海社会科学院出版社 2012 年版，第 185 页。

② MikeMantin, "Coalmining and the National Scheme for Disabled Ex-Servicemen after the First World War", *Social History*, 2016, 41 (2), 156.

人数增加到1300人左右，达到了总事故人数的三分之一。[①] 可是资本家们为了攫取更大的利益，对于这些惨重的事故无动于衷，而且想方设法逃避责任。发生事故后，他们不仅不给事故受害者任何医疗救助和赔偿，还会停发工资，将受害者逐出工厂。但是随着社会普遍对工厂生产条件的诟病以及社会改革家们的普遍重视，统治阶级认识到，今后国家的繁荣发展主要依靠工人，而不是自耕农。因此，工人群众的健康与工作效率是国家强大的关键，工人工作条件的继续恶化必须予以制止。[②]1802年，英国议会通过的第一部工厂法主要针对的问题就是改善工厂的工作条件、善待童工与限制工时。随着英国有关劳工立法在限制童工与女工的方面取得突破性进展，工伤及工伤行政认定的问题在工业生产中逐渐浮出水面。1832年英国议会改革以后，所采取的第一个重大社会措施就是通过1833年的工厂法，标志着资本家开始在法律层面审视劳动者生命权问题。

19世纪末，资本主义国家的工业革命经历了起步和发展，这一时期工人劳动者的数量有了突飞猛进的增长。在法国，工人总数已经达到了600万人。而德国在这一时期从一个以农业国逐渐转变为以工业为主的国家，农业人口的比重由1871年的63.9%（在这个意义上德国还是以农民为主的国家）到1890年的53%，再到1900年的45.7%，农工比几乎进行了一个反转。[③] 工业人口的增加以及重要性的提升，使得全社会对其的关注也更为密切。统治者看到，光用“鞭子政策”是很难奏效的，需要辅以“糖果政策”改善劳动者的处境。于是在1880年到1910年前后，统治阶级开始努力界定国家在控制日益增长的伤害事故中所扮演的角色，[④] 着手通过制定相关法律制度以实现对劳动者基本生存权的保障。1880年，英国议会通过《雇主

① Don D. Lescohier, “Industrial Accidents, Employer’s Liability, and Workmen’s Compensation in Minnesota”, *Publications of the American Statistical Association*, 1911, 12 (94), 647.

② 王章辉：《英国经济史》，中国社会科学出版社2013年版，第340页。

③ 丁建宏：《德国通史》，上海社会科学院出版社2012年版，第227页。

④ R. Higgens-Evenson, “From Industrial Police to Workmen’s Compensation: Public Policy and Industrial Accidents in New York, 1880—1910”. *Labor History*, 1998, 39 (4), 365.

责任法》，这一法律在一定程度上推动了雇主采取措施去预防事故及更多地关注工作场所的安全。1884 年德国颁布了《工伤事故保险法》，为现代的社会保险开了先河，对其他工业国均具有重要的指导意义。这部法律主要涉及各类工伤事故、工伤中形成的各类职业病、工伤的预防以及对工伤的赔偿措施等方面，初步形成了工伤保险的制度体系。该法规定保险费全部由雇主缴纳；视劳动者受伤程度决定领款数目，死者家属可领相当于亡者 20% 工薪的津贴。[①]1908 年，美国颁布了《联邦雇主责任法》，这成为美国第一部劳工赔偿法，同时明确规定了雇主的赔偿责任。这也是 20 世纪 30 年代之前美国唯一的社会保险法案。它对美国整个社会保险的运动演变发挥着巨大的影响作用。[②]1911 年，日本政府颁布了《工厂法》，该法案规定雇主须对遭受工伤事故伤害的雇员给予补偿，是日本最早的劳动者保护法案，也是工伤行政认定法律制度的萌芽。

（二）认定原则：从“风险承担”到“过失赔偿”再到“无过错责任”

在资本主义前期的工场手工业社会阶段，主要表现在一般的小手工作坊里或者家庭式的小工厂车间里，劳动者因在工作过程中产生的各种伤亡事故的预防、处理和赔偿是由劳动者与雇主相互之间私下进行解决的。英国著名经济学家亚当·斯密在他的“风险承担理论”中曾这样认为，给劳动者规定的工资标准中，已包含了对工作岗位危险性的补偿，而劳动者既然自愿与雇主签订了合同，那就意味着他们是自愿接受了风险，接受了补偿这种风险的收入。[③] 劳动者理应负担其在工作过程中因发生工伤事故而遭受的一切损失。[④] 这种个人责任的意识形态将立法注意力引向了劳动者

---

① 丁建宏：《德国通史》，上海社会科学院出版社 2012 年版，第 243 页。

② Roy Lubove, “Workmen’s compensation and the prerogatives of voluntarism”, *Labor History*, 1967, 8 (3), 254.

③ 王荣、吴碧虹：《历史演进视角下工伤保险制度的路径选择分析》，载《净月学刊》2016 年第 3 期，第 76 页。

④ 〔英〕亚当·斯密：《国富论》，唐日松等译，商务印书馆 2005 年版，第 72 页。

阶层，而不是资本管理阶层，忽视了劳动者、工会和资方的权力差距以及法律现实，即法律所赋予资方关闭工厂、雇用、裁员和解雇劳动者的权利。对于未修复的不安全工作场所，资方获益最大，而劳动者则承担了最大风险。[①]工伤风险自担的理论在早期的资本主义工业化生产时期，成为雇主不承担职工工伤事故责任的理论基础。所以当劳动者在工作过程中产生伤亡事故，其通常是与雇主相互之间私下进行解决的。因为通过普通的民事侵权与民事程序难以获得有效的救济，该时期和当今一样，提起人身伤害的诉讼需要承担特别昂贵的法律费用，这些往往超出受伤工人的能力范围。该时期劳动者处于较为悲惨的境地，一旦受伤或者染上职业疾病，不但得不到任何赔偿，甚至可能失去工作。而通过民事侵权责任的事由提起的诉讼，劳动者大多以败诉告终，原因是在工作现场（作坊或工厂等）很少严格落实劳动条件和相关责任，尤其是雇主并不直接参与生产工作。由于利益追求的差异性，通过道德拷问无法从根本上解决工伤损害赔偿问题。

随着工业化进程的加速，有的劳动者开始寻求通过法律手段解决工伤损害赔偿的问题。1837 年在英国产生了第一起工伤索赔案件，即普瑞斯特雷・德勒案，而由该案件的审理最终确立了“共同劳动、共同过错、对自愿者不构成侵权”的三项原则。这三项原则都是工伤索赔案件中劳动者胜诉的障碍，因为当时为工伤者提供保护的基础是雇主的过错。实施雇主过失赔偿原则标志着这一斗争的初步胜利。[②]近代以降，劳动者工伤赔偿的分水岭出现在 19 世纪的德国普鲁士时期，当时的首相俾斯麦在压制社会民主运动时，通过选择议程的关键特征来维护普通普鲁士人的忠诚，其中最重要的是社会保险制度。在这个过程中首先通过的是 1871 年的《雇主责任法》，该法律为其些工厂、采石场、铁路和矿山的工人提供有限的社会保护。后来，俾斯麦在 1884 年又推出了工伤事故保险，创

---

① Steven Bittle, *Still dying for a living: Corporate Criminal Liability after the Westray Mine Disaster*, UBC Press, 2012, 147.

② 孙树菡、张思园：《工伤保险的历史沿革》，载《劳动保障通讯》2003 年第 6 期，第 22 页。

造了第一个现代意义上的工伤赔偿制度。随后几年，普鲁士的公共养老保险为非工作相关疾病的工人提供津贴，公共援助为那些因残疾而无法工作的人提供安全保障，这为劳动者的工伤事故提供了最大的福利，并提供了医疗和康复服务。借由国家进行管理的工伤赔偿制度创设了一个重要的先例，它被视为对工人赔偿问题的“唯一补救办法”，在该制度下的雇主不能通过民事法院起诉雇员。[①] 这一时期的美国采取的也是过失责任原则，就是只要雇主为雇员提供了一个相对合理的安全的生产工作场所，则其就无须为雇员的事故伤害承担负责，除非受伤雇员能够证明雇主在伤害过程中存在过失。但是这种认定原则在实际的案件处理中，雇员想证明雇主在事故发生原因上存在过错绝非易事，事故劳动者只有在法庭上提供了足够充分的证据方可证明其所遭受的事故伤害确实是由于他人的过失即雇主或同事的过失所造成，只有在这种情况下，法官才可能判决过失方给予相应的赔偿。

在实际的诉讼案件中，要想取证证明雇主在事故产生问题上存在过错难度很大，在多数情况下结局经常是雇主免责。而由于工伤事故承受身心痛苦的劳动者因为状告雇主，大多时候非但得不到赔偿，反而有可能被雇主开除，甚至遭遇雇主的报复。不仅如此，通过普通法院审理、裁决工伤赔偿的程序，往往要拖延很长时间，非但不能适应现实生产过程中工伤事故日益增多的需求，还使得遭受工伤事故的受害者得不到及时、合法合理的赔偿，最终陷入极为悲惨的境遇。

至20世纪前后，英国、法国、德国、美国等政治统治精英与社会改革者普遍认为在工业生产领域，雇主在生产经营中获得了较大的利益，因而，在工伤事故赔偿中应该承担较大的责任。认为雇主及其公司从事经济活动所利用的现代化的机械或利用雇员劳动力是导致雇员遭受源自工作伤害或患

---

① Gerdes DA, “Worker’s compensation, an overview for physicians”, *South Dakota Journal of medicine*, 1990, 7, 17-23.

职业病的重要因素，因此所产生的工伤事故或者是职业病伤害无论是由于雇主的原因还是由于事故人自身的原因，甚至在没有任何他方过失的情况下，雇主也应该对工伤事故承担相应的赔偿责任。[①] 同时随着政治、经济与社会的发展，人们的法律思想与法律意识也有了极大的提高和发展，法律思想开始由19世纪初期的个人放任自由主义向社会连带主义的思想过渡，无过错原则便是在这一时期的侵权责任法中产生。无过错原则是指在特定的法律范围内，如果行为人的不当行为给他人造成了损害，其主观上无论是否存在过错，均应对所产生的损害结果承担赔偿责任。1896年法国最高法院在提凡尼（Tiffaine）判决中已将一起工伤事故责任认定为由物品引起的无过错责任，在1898年4月9日颁布的法律中设计了折中办法。[②] 工伤行政认定法律制度的无过错责任原则为现代意义上的工伤赔偿制度创造了新的赔偿机制，这种机制实际就是由保险公司为雇主提供的强制保险，[③] 保险人（即保险公司）自那时起开始替代雇主，成为工伤事故发生时受害人求助的对象。保险人也成为工伤事故受害人或他的权利人的直接债务人。这极大缓和了劳动者与雇主之间的社会关系，在短期内促进和增强了劳动者生产的积极性，减少了双方的矛盾冲突。

（三）认定对象与认定内容的范围：从“特定性覆盖”到“扩展性覆盖”

从时间维度来看，工伤行政认定的对象与认定内容的范围在总体上呈现出不断扩张的趋势，调整范围从用人单位的特定行业性限制，不断地扩展到社会各个行业。以英国为例，1833年的工厂法出台之时，用人单位所属行业仅限于纺织业，1858年前后扩大到漂白厂、印染厂、花边厂等与纺

---

① 北京社会保险干部培训中心编译：《国际劳工局与劳动部社会保险培训班外国专家讲稿：失业、医疗、工伤保险》，中国劳动出版社1992年版，第255页。

② 〔法〕弗朗西斯·凯斯勒：《法国社会保障制度》，于秀丽、李之群译，中国劳动社会保障出版社2016年版，第23～25页。

③ Chris Williams, *Private Versus State Systems for Industrial Accidents and Invalidity Insurance in the U.K.*, Basingst-oke: The Geneva Papers on Risk and Insurance, 1997, 348.

织业有关的产业。1864 年，工厂法的适用范围扩大到非纺织行业，如陶瓷、火柴、弹药、墙纸染色、布料剪裁、鼓风炉、炼铜、钢铁冶炼、锻冶、翻砂、金属加工、机器制造、玻璃、造纸、烟草、印刷、书籍装订等行业。1880 年英国开始施行《雇主责任法》后，1900 年被推广到农业劳工，1906 年又扩大到所有劳动阶层，其中包括家内和户外仆役。而德国的工伤行政认定的范围同样也适用于所有雇员和农民，其他自雇者可以选择性地参加保险。这主要是由于劳动力市场出现了变化，稳定就业人数减少而临时工作和自营职业等灵活就业人数增加。[①]

对于工伤行政认定的内容方面，从各个国家的发展来看均是随劳动者在工作中的直接伤害不断发展来对职业病进行认定的。1906 年英国的《职业补偿法修正案》，最早将职业病纳入职业伤害补偿范围。1919 年法国正式将职业病写入法律规范，虽然这项法律只规定了两种职业病，即由铅及其组成物引起的职业病，和由汞及其组成物引起的职业病，但从这项法律创立起，法国职业病的立法就建立在一系列包含职业病标准的职业病类型列表基础上，职业病开始被定义为满足一定条件的疾病。相关法规虽然常常因发生的典型工伤事件而被修改，但还是构成了今天职业病和工伤事故补偿的基本法律依据。1925 年的德国也随即将职业病伤害列入赔偿范围。

总的来说，这一时期的资本主义国家关于工伤及工伤行政认定方面推出的各项制度缓和了劳动者与雇主之间的社会关系，在短期内促进和增强了劳动者生产的积极性，减少了劳资之间的矛盾，但并没有从根本上消除工伤事故所造成的社会问题。在劳动法律实践中，无过错责任运用于工伤事故赔偿仍存在一定的缺陷。工伤事故的产生对于事故人及其家庭均是一种巨大的身心伤害，如果雇主或企业在赔偿的过程中出现破产等丧失赔偿

① Michael Quinlan, "Precarious and hazardous work: the health and safety of merchant seamen 1815–1935", *Social History*, 2013, 38 (3), 281.

能力的情形，这对于遭受事故伤害的劳动者来说毫无疑问是致命的。其不仅失去了应得的赔偿款项，同时也丧失了治疗所需的费用及日后的生活来源。另外对于雇主或企业来说，一旦出现多发的工伤事故，巨大的工伤赔偿费用支出将极有可能影响企业自身发展或直接压垮企业的生存能力。随着社会对工伤事故认识上的深化以及概率论经济学、演算学在经济实践中的运用，社会改革者们认识到通过类似于全民保险的形式可以有效防范工伤事故风险。正是在此认识与实践可能性的基础上，雇主责任制理论逐步向社会化工伤保险制度理论进行发展，并成为 19 世纪末以来各国解决工伤事故及其赔偿问题的基本理论基础和途径。

二、域外工伤行政认定法律制度的演进

在漫长的资本原始积累阶段，工人劳动者作为一个劳动阶级付出了巨大的牺牲，在此过程中与资本家阶级做了长期的坚持不懈的斗争。也正是在斗争中逐步在劳动生产领域确立了工伤行政认定法律制度的理论。建立工伤行政认定法律制度主要有三个方面：

第一，工伤行政认定法律制度是建立在人本主义的完整人的理论基础上。完整人理论是一套关于人本主义的哲学理论，该理论在历史上第一次提出人的全面而自由的发展的主张，强调人的实践性社会关系主体地位。在工伤行政认定法律制度理论领域，该理论认为，劳动者如在生产过程中遭受职业伤害，政府与雇主、企业除了应给予劳动者必要的医疗救护和经济补偿之外，还应当向受伤职工提供进一步的康复医疗服务，从而使得劳动者能够重新参与社会关系，投入劳动过程中，持续为市场、社会提供优质服务。国家通过积极采取措施鼓励社会实行工伤保险的最基本目的就是补偿劳动者因工伤事故或职业伤害所遭受的损失，使其尽快恢复劳动能力，

使劳动者重新成为完整人、身心健康人。[1]

第二，所产生的工伤保险费可以通过适当途径计入社会成本，成为社会成本的组成部分。由于工业社会的风险是现代社会所面临的特殊危险，这种危险如果仅仅摊在个别人身上很显然是不公平的。因而，通过由用人单位负担工伤事故的风险，费用由用人单位全额负担，用人单位可以将该费用计入产品成本，进而通过市场化机制在社会范围内予以实现，保证了工伤行政认定法律制度快速有效的运作。虽然该费用的成本最终会通过各种途径和方式转嫁回劳动者身上，但由于这种制度设计的基本出发点是保证劳动者的安全与健康，从而在社会心理上为社会所普遍接受。

第三，促进劳动关系和谐，从而最大限度地降低社会用工风险。通过建立工伤行政认定法律制度，从而将工伤事故产生的各种人身风险、赔付风险由所有工伤保险的参与人来分担，从社会整体来说其经济成本是最小的。1942 年，英国的跨部门委员会主席贝弗里奇发表了《社会保险报告书》（Report on Social Insurance），也称《威廉·贝弗里奇报告》，将当时现有的保险计划和联合服务转变为一种巨大的社会保险制度，其效益和贡献率极高，几乎适用所有人，其中就包括了劳动者事故补偿的建议。[2]实际上，早期的工伤保险主要局限于工伤赔偿事项，其主要内容仅仅是当劳动者因工致残、死亡或患职业病时，由相应机构和保险公司对事故人或其近亲属进行经济赔偿的一种社会保险制度。随着全社会经济的发展及人们权利意识、法律意识及社会保险意识的提升，工伤行政认定法律制度的经济功能和社会功能不断扩展。在现阶段，工伤行政认定法律制度已经不仅仅局限于对受伤人员的人身救治、经济补偿和康复治疗，而且还包括了对安全生产预防、职业健康保护和卫生环境提升等方面的功能作用。通过工伤行政认定

---

① 孔德生、丛建伟、张萍：《“完整的人”与人的本质的全面实现——马克思人的本质理论的终极指向及其实践意义》，载《理论探讨》2012 年第 6 期，第 70 页。

② “A critical survey, The Beveridge plan, The Round Table”, *The Commonwealth Journal of International Affairs*, 1943, 33 (130), 107.

法律制度所延伸出的职业规划、就业指导等手段帮助受伤劳动者在恢复劳动能力后尽早投入生产过程。通过与社会的整合，基本上实现了预防、救治、补偿、康复四位一体的全方位的保障，大大降低了劳动者的伤亡率。以美国为例，据统计 1970 年约有 14000 名工人在工作中丧生。而这一数字在 2009 年降至约 4340。与此同时，美国的就业人数也产生了巨大变化，现在已有 1.3 亿工人。严重工作场所伤害和疾病的概率从 1972 年的每 100 名工人中的 11 人下降到 2009 年的每 100 名工人中的 3.6 人。①

20 世纪 80 年代初期开始，工伤行政认定法律制度出现了一些新的变化。主要体现在社会保障得到了社会的普遍重视，同时对工伤保险也产生了较大影响。社会保障在福利国家的大背景下得到了进一步发展，在保障的广度与深度上得到了极大提升，社会保障水平在世界范围内，尤其是欧美发达国家均达到了较高的状态。社会保障的主体范围、保障种类、保障制度都得到了进一步发展，社会保障制度进一步健全。具体在有关工伤保障方面，工伤保险项目随着社会发展得到了较大的调整，对劳动者保护的力度在不断增强。例如，欧美发达国家对受伤劳动者得到的经济补偿与其受伤前的工资收入、纳税额、工作年限等方面进行综合的考量，着力提升对受伤劳动者的保护强度。欧美发达国家还针对工伤保险补偿的不充分性，逐步发展起来了其他类型的对工伤职工的补偿形式及内容。

工伤行政认定法律制度发展的主要特点包括四点：

第一，工伤行政认定的覆盖范围不断扩大，从一般的工业企业逐渐扩展到了农业及第三产业等，覆盖的群体趋向用工的“全覆盖”。德国从 1971 年以来，大学生、学生等也被列入工伤行政认定的行列，其工伤保险费全部由雇主支付。劳动者在工作过程中如果因劳动事故受伤或死亡以及因职业病损伤或者死亡的，便可要求保险公司支付补助金。补助金包括因伤的

① United States Department of Labor, Timeline of OSHA's 40 Year History, https://www.osha.gov/osha40/timeline.html.

全部医疗费用、因伤致残的伤残补贴、完全丧失劳动能力或死亡的支付养老金和亲属抚恤金。这些补贴同养老金一样随着社会收入的变化而变化，以确保领取补贴者不会因社会支付的提高而相对贫困。[①]

第二，随着生活环境及生活方式的改变，工伤行政认定的标准及认定的范围在逐渐扩大。从起初的普通事故伤害到后来的职业病伤害乃至于其他意外伤害呈现出逐步扩大的过程。这一点从对于工伤事故认识上、制度变迁上、职业病的认定上及其范围的不断扩大上都可以看出。

第三，及时救济不断得到强化。现代工伤行政认定法律制度的整个制度设计，突出地体现了对于遭受工伤事故的劳动者的身心迅速康复的追求，尤其是在工伤事故早期，及时对遭受事故伤害的劳动者进行医疗救助显得极为紧要。此外，在劳动者的伤病进入稳定期后，通过工伤保险基金向劳动者提供健康和职业康复的帮助也是重要的组成部分。

第四，各项工伤保障内容更为丰富。历史地看，工伤法律制度经历了从单一的制度关怀到综合性地发展。特别是现代的工伤制度在因工伤致残者、伤病者提供损失补偿时，也更加注重康复理疗。从目前世界上的大多数国家工伤保险基金的运行状况来看，工伤保险费的来源基本由雇主负担，相对于其他社会保险费，如医疗保险、养老保险、生育保险、失业保险项目而言，工伤保险待遇在经济补偿方面最为优厚、保险内容也最为完备。

现行域外各国工伤行政认定法律制度的确立是基于一种历史性的权衡所产生并发展的，主要是在工伤保险赔偿理论的研究中并随着该理论的发展而发展。具体而言即雇主为受伤劳动者提供无过错保险计划，以补偿受伤职工及其家属，并协助受伤劳动者进行医疗、职业康复（再培训以及伤残抚恤等）。作为回报，受伤职工放弃对雇主进行工伤和职业病伤害的法律诉讼的权利。在理想情况下，这维护了劳资关系及社会的稳定。而工伤行政认定行为的行使，降低了受伤劳动者维护权利的成本，提升了医疗救治

① 丁建宏：《德国通史》，上海社会科学院出版社 2012 年版，第 426 页。

的速度，从而为受伤劳动者提供了更大的确定性，并简化了通过诉讼而获取补偿的过程。另外，工伤行政认定法律制度对于雇主而言，它消除了雇主对于其单位产生受伤劳动者而带来的毁灭性索赔的担忧。

第二节　域外工伤行政认定法律制度的借鉴

一、域外工伤行政认定法律制度的共性

（一）工伤行政认定法律制度较为完备

从西方发达国家对于工伤行政认定的制度设置来看，为了保证工伤行政认定法律制度运行的整体性，大多数国家采取的都是自上而下的统一管理或协调模式。在德国，有关工伤行政认定法律制度始于1884年的《工伤事故保险法》，经过百年来的完善和发展，在保障劳动者合法利益，增强工伤事故预防和促进社会发展等方面起到了一定积极作用。[①] 德国的工伤行政认定法律制度确立了工伤行政认定制度的基本原则，即无过错责任原则、社会保障原则、雇主风险负担原则，初步建立了工伤保险制度，并被国际上多国所仿效。在德国，工伤保险则全部由雇主承担，雇员免责。一般情况被划分为事故保险、职业病保险以及通勤事故三大类别。并在法律原则上确立了无责任保险制度，即对劳动者进行赔付时只需要证明劳动者的伤害是否由于工伤所致，不需要考虑是雇主还是雇工的主观过错，而是主要考虑该劳动伤害是否发生在劳动过程之中，这是问题的关键。德国的工伤保险经历了雇员承担责任到雇主承担责任的过程，开启了工伤保险的转变过程。在德国，雇主责任不是企业责任或者雇主个人承担责任而是由社会来

① 吴大明：《国外工伤保险事故预防机制概况与借鉴》，载《中国安全生产》2017年第10期，第62页。

承担相关的工伤保险责任，是以社会互济的形式出现，通过全社会来承担工伤的风险。

在日本，目前的工伤行政认定制度体系主要由三部法律组成，主要包括《劳动者灾害补偿保险法》《劳动安全卫生法》《劳动基准法》。其中前两部法律皆源自《劳动基准法》，是将其中的条例分出并细化为独立的法律制度规则。《劳动者灾害补偿保险法》主要规定工伤事故认定、工伤保险管理等方面的制度规则；《劳动安全卫生法》主要涉及对工作场所中工伤的预防以及对劳动者的保护等具体实施细则。日本在有关劳工立法方面还颁布了《劳动保险审查法》《雇佣保险法》《独立行政法人劳动者健康福利法》等。[①]日本这一时期颁布的这些法律、法规共同构成了日本的工伤行政认定法律体系，促进了日本的工伤行政认定法律制度发展。

美国由于其政治体制的原因，虽未能同德国、日本等国一样建立属于全国范围内的统一的工伤行政认定法律制度，但其实行的是双轨制的工伤行政认定法律体系。一方面，在联邦政府层面通过《美国联邦雇员伤害赔偿法》，为联邦政府的工作人员及特殊群体（造船工人、港口工人等）提供了工伤行政认定的相关保障，并以此推进了美国各州工伤行政认定法律制度的立法实施，并明确规定了"州立法不能抵触联邦政府立法"的立法原则。[②]另一方面，在各个州层面，通过建立工伤行政法律制度对本州的受伤劳动者进行赔偿。在美国及其各个州内，工伤行政认定与工伤赔偿是两个相互联系的基本程序，这两个程序在实践中是相互联系的前后环节。[③]除新泽西州和得克萨斯州外，美国其余各州均实行工伤保险强制性缴费。但事实上，新泽西州的雇主基本都为雇员缴纳了工伤保险，而得克萨斯州也有60%以上的雇主为雇员缴纳工伤保险。

---

① 张盈盈、罗筱媛：《日本工伤保险制度概述》，载《劳动保障世界》2011年第9期，第47页。

② 朱剑宇、奚利强：《美国工伤制度的特点》，载《人民法院报》2011年4月29日第8版。

③ 杨洪源：《美国工伤赔偿处理程序——与中国大陆和香港地区工伤赔偿处理程序比较》，载《中国劳动》2009年第9期，第31页。

（二）工伤行政认定主体多为行政机构

美国与日本对于受伤劳动者伤害事故进行认定的主体均是政府机构。在美国工伤行政认定管理机构是各州政府劳工局，具体而言是其内设机构雇员赔偿委员会，由其成为对工伤事故和职业病的调查的法定主体，主要负责对劳动者事故伤害的调查以及认定伤害是否是由于工作原因造成的伤害，同时，对劳动者的职业性疾病进行调查，并判断疾病是否属于职业病并在此基础上主持工伤事故的赔偿事宜。还有就是雇员赔偿委员会的法律性质与地位。雇员赔偿委员会在性质上属于行政机关，其作出的工伤认定结论属于行政决定，该主体作出的工伤认定决定是可以进行司法审查的。在日本，对于工伤行政认定的管理机构是厚生劳动省劳动基准局。由厚生劳动省劳动基准局负责劳动安全卫生事宜，并在全国的 47 个都道府县设置了派出机构，即都道府县的劳动基准局，下属劳动基准署。为了进一步减少工伤事故，日本还成立了全国性质的组织——中央劳灾预防协会，由厚生劳动省领导，主要任务是改善劳动者的工作环境，为劳动者创造安全舒适的工作环境。[①]

在德国，对受伤劳动者伤害事故进行认定的主体虽然不是完整意义上的政府机构，但是由政府依法设立的公共机构来负责运营、经办工伤保险、秉持非盈利的立场，[②]是具有行政职能的半政府半商业化的社会团体组织，也称之为同业公会，又称之为同业联合公会（HVBG）。工伤保险同业公会按照行业的性质划分，是一种社会团体组织，实行高度自治，并在此基础上实现行业自身统筹。同业公会的主要职责包括：①制定颁布安全生产操作规范，监督安全生产。②对各地区同业工会的工作进行指导协调。③在全国范围内调剂工伤社会保险金。④负责工伤保险业务的各项资讯与信息提供工作。⑤对相关人员进行工伤保险的业务训练。⑥实施安全监测并对事

① 张盈盈、罗筱媛：《日本工伤保险制度概述》，载《劳动保障世界》2011 年第 9 期，第 47 页。

② 陈蕾：《国外工伤保险制度比较与借鉴》，载《国外医学卫生经济分册》2017 年第 3 期，第 104 页。

故进行全面调查。同业公会是德国负责全国工伤保险业务工作的半自治性质的行政机构。可以根据工伤保险业务的现实需求，在全国各地设立相应的分支机构或办公网点。工伤行政认定工作、伤残等级评定、工伤待遇保障等相关工作全部交由同业公会进行处理，被认为是现代德国工伤保险的重要组织形式。

（三）工伤行政认定的范围较为广泛

德国的工伤保险法通过抽象的一般规则形式对工伤行政认定的范围予以界定，而并不是通过列举形式，这样确保了在法律上对工伤理解的包容性与开放性。工伤是指“由于与被保险活动相联系而造成的身体的突发性伤害”。工伤劳动者享受保险的条件主要包括：一是他们本人必须是会员；二是雇员的身体遭受事故伤害；三是雇员需要对具体的伤害情况进行汇报；四是必须是在工作期间和工作范围内。如劳动者上班期间看报纸玩手机，或者酒后驾车在上班期间干私活从而导致的各种伤害不能认定为工伤。德国工伤行政认定的对象范围较为广泛，包括所有雇员，具体是指所有的订立了工作、服务或咨询指导合同的人员，家庭帮工、从事艺术人员、按时注册的失业人员和农场工人等也包括在内。雇员在工作过程中发生工伤事故的工伤赔偿原则，是不需要考虑用人单位是否已经向同业公会上交工伤费用均能够获得法定赔偿，在工伤行政认定中不需要考虑劳动者的主观是否存在过错。与此同时，伤残劳动者及其家庭均能在工伤赔偿活动中获得相应的保险待遇。

根据《美国联邦雇员伤害赔偿法》的规定，美国工伤行政认定的范围包括可能受到伤害的用人单位的全部雇员。但也有部分州将家政人员、志愿者等部分人员排除在外。另外一些州对于人员较少的用人单位也排除在外。例如，在阿肯色州、密歇根州、新墨西哥州、北卡罗来纳州、佐治亚州、弗吉尼亚州和威斯康星州，雇员人数不足 3 人的企业被排除在外；在佛罗里达州、罗得岛州和加利福尼亚州，雇员人数不足 4 人的企业排除在外；在亚拉巴马州、密西西比州、密苏里州和田纳西州，雇员人数不足5人的企业被排除在外。[①]《美国联邦雇员伤害赔偿法》在实施过程中为受伤劳动者提供实质性保障，无论是职业病人还是其他丧失劳动能力的劳动者均能从工伤保险制度中获益。例如，对受伤劳动者提供丰富的医疗保健服务与健康恢复性服务，对于受伤劳动者在就业方面提供了较为全面的辅助性措施；通过各种方式鼓励支持雇主加强安保措施，以减少工伤事故伤害；建立补助金制度使服务体系高效化。

日本采取的是大企业主与中小企业主逐步加入工伤保险的基本进程。总的来说，日本是逐步实现用人单位强制对工伤的保险制度的加入。与此同时，对于劳动者凡是与企业建立有劳动关系的，均纳入工伤行政认定的对象范围，这其中包括雇员、不少于5人的从事农林和渔业的人员、一些中小企业的自雇者。[②]工伤行政认定的事务范围包括业务性灾害。业务性灾害泛指由于工作原因所导致的各类灾害，指在劳动者与用人单位劳动关系续展过程中由于工作原因导致的各种灾害。

业务性灾害的基本标准构成：一是劳动损害发生在工作过程中。二是与工作相关的作业过程中。三是工作前的准备以及事后的休息收尾过程中。四是劳动者休息时、饮食过程中以及由于单位设施不全、设施陈旧等原因造成的状况。五是发生天灾人祸等不可抗力的情况。六是因公外出办理各种业务过程之中。七是上班下班过程中由于车辆等交通工具造成的各种损害。八是职业病标准，劳动者长期处于由劳动损害的环境中造成的不易发现的隐性疾病，该疾病与所从事的职业密切相关。还有就是通勤性灾害。通勤灾害是指劳动者正常上下班过程中由于特殊原因造成的伤残、死亡等情形。劳动者由于工作需要往返于工作单位与自己住所之间，在此过程中的正常轨道上来往造成的各种伤害，均属于通勤行为。通勤行为以人们可以接受

---

① 于欣华:《美国工伤保险制度》，载《现代职业安全》2010年7月（总第107期），第88页。

② 李月月:《工伤保险伤残待遇国际比较——以德国、英国、美国、日本和中国为例》，载《天津商业大学学报》2017年第4期，第20页。

的社会正常的人们的需要为基本限度，需要考虑行为人的合理路线与偏离正常路线的程度以及相关的工作目的等因素进行综合考量。①

在工伤行政认定的基本标准上，日本工伤行政认定主要体现在以下几个方面：一是劳动时间需要在规定的时限内进行，劳动场所有特定的要求，需要是业务性必需的场所。但是，劳工在工作中的因私行为、逃脱业务的故意行为而造成的损害、劳动者故意造成的损害、劳动者因私而受到的第三人的损害以及由于各种各样的自然灾害造成的损害不属于工伤的范畴。二是由于用人单位工作场所的设施不全、设备陈旧或故障以及雇佣单位的管理不善等原因引起的损害，这些情况属于工伤的范畴。三是因公司业务需要而外出从事的工作性行为，只要无相反的证据证明劳动者从事的个人私事，就应该作为工伤予以认定。四是职业病条件认定，主要包括：（1）劳动场所有害因素的存在；（2）劳动者长期暴露于这些有害因素之中；（3）疾病与劳动场所的有害因素密切相关。②此外，“过劳死”在日本受到较大的重视，日本于 1987 年开始对“过劳死”在法律制度上予以建构，1995 年正式在工伤保险制度上对之进行规定。在前期的“过劳死”制度中是不包括由于过劳自杀行为的工伤认定的。从 1999 年开始，日本分别根据《过劳死工伤认定基准》《过劳自杀死工伤认定基准》对“过劳死”进行认定并进行工伤赔偿。

此外，加拿大的不列颠哥伦比亚省将职场欺凌和骚扰认定为工作场所的健康和安全问题，由此引发的精神损害问题列入该省的《工人赔偿法》中规定的工伤行政认定的范围，其工伤行政认定的主管部门不列颠哥伦比亚省就业安全委员会（WorkSafeBC）将工作场所的欺凌和骚扰定义为“如果某人知道或者应当知道，其对某员工的任何不当行为或言语将导致该员工受到侮辱或恐吓”。此外，当职场欺凌和骚扰行为上升到一定程度时，则将

① 张盈盈、罗筱媛：《日本工伤保险制度概述》，载《劳动保障世界》2011 年第 9 期，第 48 页。

② 石孝军：《日本工伤保险制度概览》，载《中国社会保障》2007 年第 2 期，第 29 页。

被认定为犯罪。[①] 与此同时，WorkSafeBC 也确定了不属于工作场所欺凌和骚扰的行为，其认为合理的管理行为，不应与欺凌和骚扰行为混为一谈。这一所谓合理的管理行为包括对于以下方面所作出的决定：职责、工作量、工作完成期限、工作调动、重组、工作指示或反映意见、工作评估、管理工作表现和纪律处分。

（四）工伤行政认定的程序简捷

在德国，劳动者发生工伤事故以后应及时向工会组织、保险公司报告相关工伤的事实并由保险公司对工伤情况予以认定。如发生工伤职业病则由同业公会与保险公司联合调查并进行确认。劳动者被确定为职业病从而不能胜任原来工作的，可以办理退休手续发放相应的退休金。

在美国，工伤行政认定是所有受伤劳动者获得工伤待遇的必经环节与基本程序。雇员、雇员的家属、雇员所在的工会组织、雇员委托的代理人，应当在工伤事故或者职业病发生之日起 30 天之内向受伤雇员所在单位的主管人员提交书面的伤情报告或通知，提交工伤报告是进行工伤行政认定程序的重要环节。

在日本，劳动者发生事故伤害后，行政相对人提出申请，受理后由劳动保障审查官进行审查，并必须在 60 天内办结。[②] 其工伤行政认定的主要程序为：一是需要用人单位提交工伤事故报告。二是工伤受害者或利害关系人提交工伤待遇的申请。三是劳动基准署进行工伤鉴定。四是工伤受害者或利害关系人针对工伤不满的申诉与诉讼。[③]

（五）司法机关具有最终的认定权

---

① Gayla Reid，"Workplace Bullying & Harassment"，*The People's Law School*，2014，3-4.

② 石孝军：《日本工伤保险制度概览》，载《中国社会保障》2007 年第 2 期，第 29 页。

③ 金剑：《中日工伤保险制度比较研究》，首都经济贸易大学 2013 年硕士学位论文，第 24 ~ 27 页。

在德国，设置有专门的社会法院。德国的社会法院专门负责审理各类社会性纠纷，工伤行政认定案件就属于社会法院审理范畴，将工伤行政认定主体与劳动者之间的认定纠纷交由专门的法院予以审理，极大地保障了劳动者的合法权益，提供了社会保障的制度化程度与水平。

在美国，行政机关作出的工伤行政认定行为，属于行政行为。当事人不服，可以对该行政机关提起诉讼，美国的工伤行政认定法律制度赋予法院的审查权和在此基础上针对工伤行政认定中事实与法律上的判断权，也就是法院对于劳动者的事故伤害是否属于工伤具有最终的认定权。在工伤行政认定的司法理念上，美国社会认为联邦最高法院是对涉及公民基本权益审查的最高审查机构与最后机制，特别是维护劳动者的权益对联邦最高法院来说责无旁贷，行政机关在此问题上没有最终的判断权。各级法院在涉及工伤行政认定以及与工伤保险的有关劳动者权益保护问题上享有司法审查权。在美国的工伤行政认定程序问题上，一般是通过雇员赔偿委员会进行工伤行政认定的听证程序，即以一种准司法程序来解决。通过非诉的方式解决赔偿事项，这种制度设计确保了工伤行政认定制度的统一与高效。

在日本，《工伤保险法》在工伤立法救济途径方面规定了自下而上的申诉制度。日本劳动省设有专司劳动保险事务的工伤保险审查会，地方劳动基本审查机构配有专门的地方公务人员。如劳动者对于基层部门的审查会关于工伤保险的处理结果不满意，可以先上诉至劳动基准局，如果对初审的结果不满意还可上诉至劳动省，由劳动保险审查会对工伤保险争议进行复议，倘若工伤者对复审结果还是不满意，可以向法院起诉。当然，企业等用人单位也可以因对工伤保险的处理过程与结果不满意而逐级上诉。

二、域外工伤行政认定法律制度的启示

尽管当前域外各个国家的工伤行政认定法律制度类型不同，但也显示出一定的共同特性，总结域外国家工伤行政认定法律制度的经验，对我国

工伤行政认定法律制度的完善具有重要的启示意义。

（一）工伤行政认定法律制度的建立与运行应当以立法为基础

域外各个国家的工伤行政认定制度的建立都具有一个共同的特点，就是以法律的形式进行保障，也就是采取了“立法先行”的方式。立法先行是工伤行政认定法律制度作为一种国家制度所应有的具体体现，这也是域外众多国家所采取的基本方法。而且，域外各国的工伤行政认定法律制度的形成都需要经过复杂的社会保障立法程序。立法过程中有各层次的民主参与。工伤行政认定法律制度是一项关乎民生的重要制度，其复杂程度及专业程度也较其他社会保险要多，只有通过立法方式规范工伤行政认定法律制度，才能保障其相对的稳定性，才能更好地发挥其积极的作用。我国应当对域外国家的工伤行政认定法律制度的立法经验予以借鉴，并在相关法律制度实际施行中针对遇到的实际问题适时地对其进行调整与修正，使得工伤行政认定法律制度能够切合本国的实际情况，并日趋完善。同时通过严格执法，以法律为保障，才能使工伤行政认定法律制度的实施有序有效。

（二）工伤行政认定法律制度需要完备的运行机制为条件

由于美、德、日的工伤行政认定主体均是具有政府性质，能够行使行政职权，因此其在工伤行政认定法律制度的运行上可以保持一种自上而下的统一运行机制。例如，美国雇员赔偿委员会虽然在性质上仍然是行政机关，但是在工伤行政认定过程中的相关法律程序措施上较为完善，采用准司法程序，包括工伤行政认定的听证制度，对工伤受害者与用人单位之间的纠纷进行审核查处，确保了效率与公正处理。德国的工伤行政认定主体法律制度也值得思考借鉴。德国采用除了全国与地方设置了专门负责劳动保护的劳动行政机关以外，还特别构建了一套半商业化半行政性质的“同业公会制度体制”以及专门的社会法院处理工伤事务。同业公会作为最大限度解决工伤认定与赔偿事宜的社会团体，是德国工伤制度的一大特色，实践证明，在处理大量工伤行政认定事务上有很高的效率。美国工伤行政认定对于雇员或者其家属、雇员所在的工会组织以及雇员本人委托的代理人，在工伤事故发生或者在知道伤害或职业病因工作原因引起之日起，要求在30个工作日内由受伤雇员所在单位的主管人员提交书面的伤情报告或通知。这对于快速处理工伤认定纠纷，尽快处理好工伤职工的赔偿补偿待遇是至关重要的。相比较之下，我国的工伤行政认定及其补偿程序过于冗长，应该在参考欧美做法的基础上进行改革完善。

（三）工伤行政认定对象范围应当扩大

域外各国对于工伤行政认定的对象范围均具有很大的广泛性。其中日本的工伤行政认定法律制度几乎覆盖了所有雇员，体现了在工伤行政认定法律制度上较高的包容性和公平性，而且日本的工伤行政认定实行的是全行业覆盖，甚至连雇主本人和在国外工作的日本职工也都被纳入工伤行政认定的范围。此外民间商业保险机构还提供了保险项目，丰富强制性雇主责任保险和自愿性工伤补充赔偿保险，用于满足不同行业、企业和人群对工伤保险的不同需求。这些补充保险与国家的工伤保险制度互相补充，共同形成了一个完整的工伤保险网络。近年来我国工伤行政认定的覆盖面不断扩大，但与发达国家的差距还很明显，为了能使更多的劳动者在遭遇工伤时得到更好的保障，只有仿行才能使所有的受伤劳动者得到及时有效的赔偿，使每个受伤劳动者的权益得到更好的保障，使社会更加和谐稳定。日本关于“过劳死”的工伤行政认定值得思考。在当前，我国处于急剧转型的经济发展阶段，劳动者容易遭受各方面巨大的社会压力、工作压力。过劳已经成为社会的一种普遍现象，“过劳死”成为劳工阶层面临的最大威胁。在对“过劳死”的工伤保险制度构建问题上，笔者认为应该借鉴日本工伤认定中有关“过劳死”的制度规定，尽快将其纳入工伤认定过程，更好地保障劳动者的权益。

（四）工伤行政认定法律制度需要有高效的救济机制

工伤行政认定法律制度的救济机制是对受伤劳动者权益的最终保障，因此这就需要在救济过程中既要保证法律的公正性，还要保障救济的高效性。在德国，从中央到地方有一套专门的社会法院系统，对来自社会经济与治理领域的法律纠纷能够实现专业化应对，这也是德国的一大特色。特别是对于劳动保护类纠纷，从现代社会发展与科技、工业发展的特点来看，越来越具有专业化色彩，构建社会法院对这类专业化的工伤行政认定案件进行审判处理，是一种极富有效率的司法审判形式。

（五）工伤行政认定法律制度的关键在于对工伤事故的预防作用

在实践中，很多的工伤事故在某种程度上是可以避免与减轻的，通过有效的工伤预防手段可以大大降低工伤事故的发生概率，减轻工伤保险基金对于工伤赔偿的支出压力。域外各国通过实践证明了工伤预防理念可通过实践操作有效降低事故发生率。在德国社会法典中将工伤预防作为工伤保险机构首要的使命与任务，通过相关机构定期开展健康检查、安全教育培训、进行安全技术研究。在工伤发生之后，他们最尽力做的不是对劳动者的补偿而是帮助他们尽快恢复。这种做法能够实现经济利益和社会利益的最大化。反观我国尽管在工伤行政认定法律制度上规定了工伤预防的职能，但实际的职能行使主体却并非工伤行政认定主体，而是现今的应急管理部门（原安全生产监督管理部门），导致我国的工伤行政认定法律制度与工伤预防之间无法形成有效衔接，总体上仍是一种被动的制度。

第五章 我国工伤行政认定法律制度的完善

1959年，在印度新德里召开的“国际法学家会议”中通过的《新德里宣言》，提出了法治的三项基本原则：根据法治精神，立法机关的职能在于创造和维持使个人尊严得到维护的各种条件；法治原则不仅要防范行政权力的滥用，而且还需要一个政府来维护法律秩序，借以保障人们具有充分的经济生活条件；司法独立和律师自由。[①] 结合这三项基本原则，我国的工伤行政认定法律制度的完善必须建立在民主法治的基础之上，以尊重和保障人权为根本目的，实现立法、执法、司法的良性互动。

第一节　工伤行政认定法律制度完善的必要性

一、实现对受伤劳动者人权保障的现实需求

人权保障是工伤行政认定法律制度设置的根本价值追求，通过制度溯源可以发现，工伤行政认定法律制度的实践和制度形成与劳动者的生存发展、权益保障具有密切联系。但工伤行政认定依然作为以保障劳动者基本生存权为主要目标的社会政策而存在，从发达国家的工伤行政认定法律制度的历史发展来看，它们均产生了从强调对劳动者生存权作为保障目标到强调对劳动者人权作为保障目标的变迁。因此，我国工伤行政认定法律制度的完善，应当对这种时代思潮和制度理念的变迁进行充分关注。

我国《宪法》规定了国家尊重和保障人权的基本原则，这也是工伤行

① 季金华：《法治信仰的意义阐释》，载《金陵法律评论》2015年春季卷，第90页。

政认定法律制度的核心目标。从法律自身的层面上讲，完善工伤行政认定及其制度化建设，对于强化对劳动者基本权益的保障有着明显的积极价值。工伤行政认定旨在创设有利于受伤劳动者高效获得医疗救治工伤赔偿的一种制度措施，这是法治社会的基本需求。工伤行政认定作为一种行政举措，应当走在法治化轨道上，对工伤行政认定的主体、程序、对象、形式以及相关的法律适用都应当事先设定明确而且可操作的规则是促进受伤劳动者权益保护的必要条件。工伤行政认定法律制度作为人权保障的现实需求，需要通过相应的制度手段使之健全化、规范化，易于受伤劳动者主张并实现自身合法权益。对于劳动者而言，由于工伤或其他工作原因造成的伤害，不仅包括物质损害也包括精神心理损害，工伤行政认定法律制度恰恰是要最大限度地解决由这些伤害造成的既成后果。恢复个体生产力就是要坚持实现维护受伤劳动者的基本人权，通过工伤行政认定及其制度化手段从物质上与精神上对受伤的劳动者进行安慰。

二、促进工伤行政认定行政法治的内在要求

工伤行政认定行政法治应该包括如下内涵：

第一，良法之治是工伤行政认定行政法治的第一要义。“法治应包含两重意义：已成立的法律获得普遍的服从，而大家所服从的法律又应该本身是制定良好的法律。”[①] 亚里士多德关于法治这两重含义的理解和说明直到今天依然具有现实意义。首先，对于工伤行政认定法律制度的良法产生的土壤应当成为具有覆盖全体劳动者，至少覆盖绝大多数劳动者的范围所在。只有这样才能使得工伤行政认定的行政法治与实践之间的联系产生意义。其次，良法的产生还应当表现出工伤行政认定法律制度对绝大多数劳动者提供可靠保障的法律制度宗旨。这是工伤行政认定法律制度所具有的双重性，

① 〔古希腊〕亚里士多德：《政治学》，吴寿彭译，商务印书馆1965年版，第202页。

也是需要遵从制度的基本原则，还是理想法律制度应当具有的价值观的集合。如果法治是有效的，它必须体现在立法的形式和内容上。[①] 劳动者遵守完善的工伤行政认定法律制度就是选择了正义、良善有序的工作形式与环境。同时良法也是通过对工伤行政认定主体进行道德规范的必然结果，而道德规范的目的是防止行政主体为追求私人利益而对公共权力进行操作[②]。

第二，法律优先是工伤行政认定行政法治的基本要求。法律优先在不同的行政法学著作中有时被称为法律优位、法律优越等，它们的基本内涵是一致的。奥托·迈耶认为："以法律形式出现的国家意志依法优先于所有以其他形式表达的国家意志；法律只能以法律形式才能废止，而法律却能废止所有与之相冲突的意志表达，或使之根本不起作用。这就是我们所说的法律优先。"[③] 哈特穆特·毛雷尔认为："法律优先原则是指行政应当受现行法律的约束，不得采取任何违反法律的措施。优先原则无限制和无条件地适用于一切行政领域，源自有效法律的约束力。"[④] 由此可见，工伤行政认定中的法律优先基本含义是：在一个国家的权力体系和政治体制架构中，由最高权力机关——民选机关通过严格的民主程序和民主机制产生和制定的法律具有最高地位。法律在关于工伤行政认定权力的产生、设定、运作方面的规则体系高于一切其他机关所制定的行政法规、行政规章和行政命令，一切涉及行政权运作的行政法规、规章、行政规范性文件以及一切行政决定都不得与法律相抵触。否则，除非有法律的特别规定，原则上一律无效或违法。

第三，法律保留是工伤行政认定行政法治的基准。何谓法律保留？奥托·迈耶认为："没有法律就没有处罚。行政活动则不是这样具有依附性。

---

① Ronan Cormacain, "Legislation, legislative drafting and the rule of law", *The Theory and Practice of Legislation*, 2017, 5 (2), 115.

② Craig Forcese, Aaron Freeman, *The Laws of Government*, Irwin Law Inc, 2011, 421.

③ 〔德〕奥托·迈耶:《德国行政法》，刘飞译，商务印书馆 2002 年版，第 70 页。

④ 〔德〕哈特穆特·毛雷尔:《行政法学总论》，高家伟译，法律出版社 2000 年版，第 103 页。

因此，合乎宪法的法律只是对一些特别重要的国家事务而言是必要基础。在其他所有方面，对执行权则无此限制，行政以自有的力量作用，而不是依据法律。我们把这个在特定范围内对行政自行作用的排除称之为法律保留。”[①]笔者认为，工伤行政认定法律制度的法律保留具有以下基本含义：宪法对于劳动者在工伤行政认定过程中的基本权利所作出的限制性规定，必须对现有的工伤行政认定的立法层级进行提升，由立法权力机关通过法律的形式予以规定，行政机关自身更不得僭越立法机关的权力而自行规定相关行政措施，其作出的一切涉及劳动者的基本权利的行政行为，原则上都必须有法律的明确授权，否则，行政机关将涉嫌违法行政。行政法治要求工伤行政认定主体在实施行政行为时必须客观、理性、适度。要求行政执法者相同情况相同对待，不同情况差别对待，不得歧视和偏私，要求行政机关及其执法者平等地对待工伤行政认定相对人。

第四，承认并促使工伤行政认定行政裁量权的规范行使。行政裁量权是行政主体在法律和行政规章规定的幅度与范围内进行的具有选择余地的处置权力。工伤行政认定行政法治应当承认行政裁量权存在的正当性，在现实的工伤行政认定实践中对于相关案件，如前文所述邵某在乘坐飞机过程中发生伤害事故能否认定为工伤，就需要行政主体在行政裁量权范围内提供合理的分析限度。因此，这就需要工伤行政认定行政法治为行政裁量权的行使创制一整套宽松的规则，以适应在特殊情况下行政机关为了公益之考量而维护劳动者的基本权利。这些原则就是正义原则、公平原则等，正是通过这些制度和原则的配套从而确保了行政裁量权在实质法治的轨道上运行。

工伤行政认定制度就其实质而言，是一套有关行政确认的行政法制度，因而，应该遵循行政法治的一切原则。工伤行政认定行为在其程序启动上是依申请的行政行为，理应符合有关行政行为的一切规则约束。在这个意

① 〔德〕奥托·迈耶：《德国行政法》，刘飞译，商务印书馆2002年版，第72页。

义上，本书认为研究工伤行政认定制度的核心问题就是要解决在行政法治层面上何谓工伤？工伤申请的行政相对人的法律资格与条件、工伤申请的一系列程序设置、工伤申请的行政主体资格、工伤行政认定的权限与职责范围、工伤行政认定的法律组织体制与运行机制、工伤申请与工伤行政认定的条件标准、工伤行政认定过程中相应行政行为的法律效力等问题，所有这些问题均应以行政法治原则作为指导，即应当将行政法治原则运用到工伤行政认定法律实践之中。

第二节　我国工伤行政认定之立法完善

从 2010 年《社会保险法》出台、《工伤保险条例》修订至今已接近 10 年，在这一时期，两部法律中关于工伤行政认定的法律规范对于我国因工受伤的劳动者权益保护起到了极其重要的作用。但随着社会经济的发展，现行工伤行政认定法律制度与社会发展仍不相适应。党的十九大报告指出，要深化依法治国实践，就要推进科学立法、民主立法、依法立法，以良法促进发展、保障善治。在这种背景下，需要加强工伤行政认定的立法权威性、倾向保护性及科学性。

一、提升工伤行政认定的立法权威性

（一）工伤行政认定立法层级的提升

我国现行工伤行政认定法律制度及工伤保险法律制度是依托于社会保障制度体系建立起来的，因此其制度建设并没有形成独立的体系框架。这也导致我国现行工伤行政立法受限于立法层级，产生了大量的地方性行政规章及规范性文件，无法以更加宽广的视角统筹我国工伤行政认定的整体发展进程。如前文所述，发达国家中无论是单一制的英国、日本，还是联

邦制的美国、德国，其在工伤行政认定法律制度及工伤保险法律制度的设置中，均在最高立法层次上形成了具有独立特征的工伤行政认定法律制度。这种立法设置是这些国家在百余年中通过理论研究与实践探索而形成的最优选择，也可以更好地保障劳动者的基本权益，这对我国的工伤行政认定立法建设是极具借鉴意义的。

笔者认为，从政策主导走向法治化的进程中，工伤行政认定的改革的主控权应当掌握在中央立法权力机关手中，立法应当以中央立法先行，地方性法规及规章的制定速度不能超越中央立法。这是因为，工伤行政认定作为一个能够涉及全体劳动者的行政行为，其自身特性要求实施全国统一的工伤行政认定法律制度。通过统一的中央立法，有利于形成统一的劳动力市场，也有利于实现工伤保险的“全覆盖”。此外，维护劳动者在就业期间的人身权益是公民在宪法层面人权保障的重要方面，理应由中央统一立法，使社会劳动者及用人单位实现平等的工伤待遇保障。这就要求工伤行政认定的立法必须由中央立法先行，确保全国范围的制度统一。中央统一立法可以协商和消除各个地方性规定的散乱和不统一，理顺各种利益关系，从而形成一个完整的体系，将极大节约工伤行政认定的立法资源，使工伤行政认定发挥其应有的效果。同时，中央在工伤行政认定的立法过程中，应当充分听取包括地方权力机关在内的各方意见与建议，这也是其在形成共识方面的优势所在。

工伤行政认定的中央立法先行，并非排斥地方立法权力机关在工伤行政认定立法与政策形成中的地位与作用。毕竟各省市经济基础的差异与劳动用工类型的不同会对工伤行政认定的范围和医疗救治的方式产生影响。只是需要对地方立法权力机关所发挥的作用进行限制，将其功能的发挥设定于框架中。地方性立法目的在于把相对原则和粗线条的工伤行政认定法律细化，对制定法律时没有出现或者没有考虑到的情形“拾遗补阙”。因此，中央立法机关应当为地方性工伤行政认定立法进行必要的授权，明确中央与地方在工伤行政认定立法上的各自职责与权限。

（二）强化工伤行政认定立法的公众参与

公众的了解和认可程度，是完善工伤行政认定立法的重要影响因素，也是提升工伤行政认定立法在公众心目中的权威性的重要手段，更是保障公民人权的重要方面。“每一个政府都需要知道其公民的想法，如果公民不能表达出自己的想法和言论，则政府就无法了解自身行为所产生的错误。”① 英国的《贝弗里奇报告》提到，“应当给个人参与社会保障制度建设的机会并赋予他们一定的责任。”②

从我国多年的立法工作来看，公众的参与度和参与水平较低。在众多的立法过程中，虽然召开了立法听证会，它收到的社会反馈及发挥的效果却是极低。但是随着社会经济的快速发展，社会生产也已经开始由劳动力 + 机器化生产向更为复杂的科技化生产过渡，这对于劳动者的挑战也更为激烈，由此产生的事故伤害或造成的心理压力也更为多样和复杂，所以工伤行政认定也更加应具有动态化、专业化、科学化的模块运行机制。立法制度的运行应当更加快速，立法制定者的构成应当更加多样。应当建立全国或区域统一的工伤行政认定信息网络，及时对工伤事故情况进行分析，从而便于及时地制定工伤行政认定的法律制度或认定标准。另外，即使是最佳的立法构想，在其形成明确、可执行的法规之前，都需要开展繁重的技术工作。③ 主要应完善以下几个方面：

第一，应建立全面的立法信息公开制度。这是公众参与的前提条件，从立法的角度来看，除涉及国家机密、商业秘密和个人隐私外，公众获取工伤行政认定相关信息的权利不应进行限制。就像公开决策结果一样，公

---

① Milton Meltzer, *The human rights book*, McGraw-Hill Ryerson Ltd, 1979, 94-95.

② 〔英〕贝弗里奇：《贝弗里奇报告——社会保险和相关服务》，劳动和社会保障部社会保险研究所组织译，中国劳动社会保障出版社 2008 年版，第 3 页。

③ H.W.Jones, “Billdrafting Services in Congress and the State Legislatures”, *Harvard Law Review*, 1952, 65.

众需要知道谁是决策者以及谁影响了决策过程，这对评价公正性、合理性、中立性来说至关重要。如果公众认为决策过程是公平正当的，那么由此作出的决策结果更有可能被他们所接受。[①] 同时要通过多种形式，如网络、报刊、新闻等，让公众对工伤行政认定的立法背景、内容、拟解决的问题等得到及时的有效的了解，从而保障公众参与立法的有效性。

第二，应扩大立法参与者的范围。由于立法者考量的有利因素可能对公共服务对象是一种不利因素，因此从行政管理的角度来看，扩大行政立法者的范围，有利于避免立法考量的偏失。[②] 应当将用人单位、劳动者、科研机构、医疗机构、鉴定机构作为代表共同体的利益群体商议并制定立法。如果单独以工伤行政认定的实施主体作为立法者中心，其“思维盲区”及“利益取向”势必影响到行政相对人的根本利益。因此扩大立法参与范围有利于实现工伤行政认定立法的公正性和客观科学性，也更加有利于提升工伤行政认定法律制度在人们心中的权威性。

第三，应当建立及时的信息反馈系统。当公众积极参与到立法过程中，其首先期待的是立法机关对其意见的反应，因此及时让公众了解自己的意见是否得到考量，不仅是对劳动者参与行为的尊重，也是提升立法透明度的要求。对于劳动者的相关立法建议，立法机关给予的反馈意见中应当标明原因与理由。

第四，应当不断提高公众的立法参与意识。在现代立法过程中，当公众只有很强的参与立法的观念之后，才能产生参与立法的积极性。为了提高公众主动积极参与立法的意识，立法机关应该大力普及法律教育，增强公众的主体意识，消除传统政治文化的消极影响，从而转变公众消极、被动参与立法的观念。

---

① 〔美〕丹尼尔·埃斯蒂：《超国家空间中的善治：全球行政法》，林泰译，法律出版社 2018 年版，第 53 ～ 54 页。

② W.L.White，R.H.Wagenberg，R.C.Nelson，*Introduction to Canadian politics and government*，Harcourt Brace & Company Canada，Ltd，1994.194.

（三）健全工伤行政认定的申请代理制度

律师和法律服务工作者是我国法律服务体系的重要组成部分，在权利保障、法治建设、人权进步的事业中，该法律服务群体的作用是有目共睹的。[①] 目前我国有律师 27 万多人，基层法律服务工作者 7.1 万多人，法律援助机构工作人员 1.4 万多人。[②] 总体上，我国法律服务体系建设与经济社会发展是相适应的，因此全面推行工伤行政认定的当事人律师和法律援助代理制度具有实践基础，可以最大限度地提高受伤劳动者权益的维护能力。我国目前的《工伤保险条例》除近亲属外，不允许对工伤行政认定在行政程序中进行代理，这一规定并不合理。引进律师代理和法律援助制度是推进全面工伤行政法治的必然要求，也是更为全面及时维护受伤劳动者法律权益的客观需要。在发达国家中，律师代理和法律援助制度的实施极大地维护了劳动者的合法权益，同时也规范了用人单位的劳动用工状况。

在我国工伤行政认定的制度建设中，应全面引进律师代理及法律援助制度。通过构建工伤行政认定的代理制度能够形成以下功能：一是有利于雇佣关系中的受伤劳动者。作为劳动者，在工伤事故中受到伤害或者饱受职业病之苦，其本身已经遭受了身心创伤，在这种情况下，通过聘请专业律师或者通过法律援助律师为其提供专业的法律服务是最为妥善的制度安排。二是通过聘请律师可以有效弥补劳动者专业知识上的不足。工伤事故伤害涉及诸多程序事项与实体上的法律事项，一般劳动者对这些事项难以理解，不可能熟悉这些诉讼程序，对证据的把握、鉴定事项的把握等均难以有效掌控。通过律师代理制度可以对这些事项进行有效的弥补，最大限度维护当事人的合法权益。

---

① 江平：《法治必胜》，法律出版社 2016 年版，第 147 页。

② 张文显等：《全面依法治国：迈向国家治理新境界》，党建读物出版社 2017 年版，第 161 页。

二、增强工伤行政认定对劳动者的倾向性保护

（一）以倾向性保护作为工伤行政认定的立法基点

工伤行政认定的立法倾斜是指在工伤行政认定的立法过程中倾斜保护劳动者的合法权益。这也是工伤行政认定法律制度构建的基础，更是工伤行政认定法律制度设立的价值取向。工伤行政认定的立法倾斜展现的是一种多数原则，它是通过工伤行政认定法律制度的制定与实施进而满足在劳动关系中占大多数的劳动者的实质性目标，即权益保障。因此工伤行政认定制度立法只有建立在对劳动者倾斜保护的基础上才能将解决工伤行政认定问题的最佳方案上升到最高层次。

工伤行政认定是实现工伤行政认定领域行政管理目标的特有手段。其所面对的行政相对人为劳动者和用人单位，两个主体虽然在形式上是平等的权利义务双方，但由于用人单位在经济、管理等多方面的优势，使得劳动者与用人单位之间存在着天然的不平等性，所以在工伤行政认定的立法中必须运用倾斜保护的原则对工伤行政认定的制度构建进行指导。对于工伤行政认定立法倾斜的研究实际就是强调研究主体与研究客体之间的关系，着重探究客体直接映照于主体的机理，也即客观的社会现象、社会关系如何被研究主体所感知和认识以及在何种程度上实现理性与科学认知。由此提出了两方面问题：在社会行为中如何形成制度，制度如何（在何种程度上）影响社会行为。[①] 在这个过程中，立法者应该秉承对劳动者倾斜保护的思想对制度规则的出台进行公正性的研讨，务必在宏观制度设计上以及微观具体规则的执行上能够体现公正民主。在具体工伤行政认定法律制度规则中，对行政主体与相对人之间进行实体权利义务进行公正分配，特别是要着眼于对工伤事故中劳动者

---

① Richard Abel, “*What else is sociology of law? Reflection on John Griffiths's What is sociology of law?*”, *The Journal of Legal Pluralism and Unofficial Law*, 2017, 49（3）, 373.

的相对倾斜性保护，做到形式公正与实质公正的统一。工伤行政认定的具体规则能够体现劳动者的现实需求，能够及时对劳动者的损害进行回应。

更重要的是在事故中，劳动者的生命权、健康权、身体权等人身权受到事故伤害，造成劳动者伤残甚至死亡。我国《宪法》第四十二条第二款规定："国家通过各种途径，创造劳动就业条件，加强劳动保护，改善劳动条件，并在发展生产的基础上，提高劳动报酬和福利待遇。"《民法通则》第九十八条规定："公民享有生命健康权。"所以说，人身权是劳动者依法在劳动过程中享有的最基本的权利，这也是劳动者赖以生存和发展的不可或缺的社会条件。而正是由于人身权所具有的根本性，那么在工伤行政认定的立法过程中也必须作为基础进行考虑。《工伤保险条例》中对劳动者人身权保护方面的制度是我国人身权保护立法的重要组成部分，是人身权保护的一种重要方式和制度。因此，工伤行政认定相关法律法规在立法过程中所体现出的对受伤劳动者倾斜保护的原则和目的是符合我国基本法及其他法律的规定。正因如此，维护劳动者权益应当成为工伤行政认定的立法基点，应当体现出鲜明的倾向性。具体内容包括：

第一，在工伤行政认定申请环节。以限制性雇佣关系替代现有的劳动关系认定；赋予工伤行政认定主体对劳动者与用人单位之间是否属于限制性雇佣关系的认定权；增加对劳动者的律师代理和法律援助制度；缩短用人单位申请工伤行政认定的时限。

第二，在工伤行政认定实施环节。对于案件清晰、权利义务明确的案件，缩短工伤行政认定主体审限；扩大工伤行政认定的范围；弱化工作时间、工作场所概念的限制。

第三，在工伤行政认定行政救济环节。缩短行政复议与行政诉讼的审理时限，增加行政公益诉讼。

（二）以限制性雇佣关系实现工伤行政认定对象"全覆盖"

劳动关系是劳动者和劳动力使用者所结成的一种社会经济利益关系，

是生产资料与劳动者结合的具体表现形式。[①]但是随着工伤行政认定不断向“全覆盖”目标迈进，现有法律制度对劳动关系认定的规定束缚了我国对于新兴就业群体的权益保护。前文所述的退休人员、在校学生等一旦在工作过程中发生伤害事故通常以雇佣关系进行解决。

何为雇佣关系？雇佣关系主要是指雇员利用雇主所提供的各种物质条件，在雇主的监督下，以其劳动行为为雇主提供劳务并获取报酬的一种社会关系。[②]通过雇佣关系与劳动关系的概念比较可见，雇佣关系与劳动关系是包容与被包容的关系，也就是说雇佣关系是劳动关系的上位概念，劳动关系从属于雇佣关系。[③]这一特点决定了实务中雇佣关系和劳动关系的案件可以作为同一法律关系，按照劳动关系的法律规定进行处理，而不必依据民法的相关规定另行裁判。[④]因此以雇佣关系作为用人单位与劳动者关系界定范围，可以有效地涵盖流离于工伤行政认定法律制度之外的劳动者群体。另外，从微观发展来看，工伤行政认定主体对于劳动者和用人单位之间就“身份”关系关联性的追求已表现出淡化趋势。随着新农村建设的深入，城乡户籍身份将逐步消除。而二者的有机融合，使原本的工伤行政认定资格与权益的差异性将不再依附于城乡户籍身份上。从社会宏观发展来看，工伤行政认定主体、劳动者、用人单位三方在法律中的独立性逐渐加强，其中劳动者的身份直接基于的是一般公民身份，这也将成为未来工伤行政认定对于认定对象确认的发展趋势。因此，本书提出的工伤行政认定法律制度下的雇佣关系限制于用人单位与劳动者之间。所以当劳动者在与用人单位雇佣关系存续期间因工作原因发生事故伤害的，应当认定为工伤。以该限制性雇佣关系进行界定可以摆脱旧有的劳动关系认定，进而为未来实现

---

① 张兰英：《劳动关系制度研究》，载《中国市场》2007 年第 48 期，第 52 页。

② 阮春新：《劳动关系和雇佣关系的法律适用比较分析》，载《产业与科技论坛》2014 年第 1 期，第 38 页。

③ 郭丹丹：《雇佣关系的法律调整》，载《华中师范大学研究生学报》2009 年第 2 期，第 29 页。

④ 段克文：《雇佣关系之法律实务分析》，载《现代商业》2016 年第 19 期，第 177 页。

工伤行政认定对象“全覆盖”奠定基础。

在实践中，若想通过雇佣关系实现受伤劳动者的工伤待遇求偿，还需要在操作的技术上予以完善，需要对现有的社会保险缴费模式进行改革。现有的用人单位社会保险缴费是由养老保险、医疗保险、失业保险、生育保险、工伤保险进行一并缴费而完成的，但是由于现今五险缴费基数的不断提升，用人单位的压力陡增，因此导致很多用人单位违法而为，通过与劳动者协商选择以多支付工资的形式而不缴纳社会保险费。但是从另一方面来看，一旦劳动者发生工伤事故，则受伤劳动者与用人单位均将承受巨大的经济压力。而这种社保缴费制度的设置根本无法保障劳动者的权益。因此，笔者认为对于工伤保险应当采取独立缴费的模式，这也是很多发达国家所采用的一种常见方法，从而最大限度地保障劳动者和用人单位的合法权益。而劳动者与用人单位之间形成的雇佣关系和工伤保险独立缴费两点相辅相成，以雇佣关系进行界定可以摆脱旧有的劳动关系认定，进而为未来实现工伤行政认定对象“全覆盖”奠定基础。而工伤保险独立缴费则为实现工伤行政认定对象“全覆盖”提供了技术支持。但是我们必须清醒地认识到，工伤行政认定的认定对象实现更大的扩展并不是一蹴而就的，而应当以现实的工伤行政认定实践为基础，与实际的国家经济基础、政治状况以及社会环境等因素相适应进行与时俱进的拓展，将那些在目前法律上尚没有规定为认定对象以及没有被明确纳入认定范围的事项通过立法逐步加以规范纳入，从而实现对工伤行政认定制度的完善发展，最大限度地推动对受伤劳动者的法律保护。

三、实现工伤行政认定的立法科学化

实现工伤行政认定立法的科学化有助于提升立法质量，可以克服工伤行政认定主体在行政确认过程中的主观随意性和盲目性，也有利于行政救济主体在审查过程中减少错误和失误，提高效率，还有益于行政相对人明

确法律规定，便于守法。工伤事故的认定与赔偿是涉及多方面的，其动态和非线性相互作用都将以不可预知的方式影响到受伤劳动者及用人单位之后的事件中。[①]因此，工伤行政认定立法的科学化就是要坚持从实际出发和注重理论指导相结合，稳定性和动态性相结合，超前性和适用性相结合，要避免和消除原有立法中的弊病。工伤行政认定立法的科学化具体表现在：

（一）对工伤行政认定的相关概念进行科学界定

在法律制度上对工伤行政认定概念进行科学界定，其意义在于有利于工伤行政认定以及行政救济主体的法律适用，这是最直接的功效。法律的效率在于其能够被执行，工伤行政认定中对于概念理解的一致对推进工伤行政认定的行政行为实施与行政救济工作是有极大裨益的，能够最大限度地保障劳动者，尤其是受伤劳动者的权益。工伤行政认定的核心问题就是如何保障受伤劳动者的权益问题，保护劳动者的权益就是尊重了劳动者的基本人权。工伤行政认定概念如果不能科学的界定，就不能有效地覆盖现实中劳动者的实际工作伤害。因而，工伤行政认定概念的科学界定充分体现了这部民生法律的最大特征。

工伤行政认定相关概念的准确界定有利于工伤行政认定法治推行的法律效果、政治效果与社会效果的统一，最大限度实现社会和谐。《工伤保险条例》《工伤认定办法》等制度规定，重在实现良好的社会法治、实现社会治理和谐，在这个层面上，笔者认为关键需要解决的是工伤行政认定法律制度的实际运行效果。工伤行政认定相关概念的科学界定使工伤行政认定法律制度有一个科学的认知，有助于提升立法质量和产生良法，有益于尊重立法规律、克服立法中的主观随意性和盲目性，也有利于在立法中避免

① Sasha Holley, Louise Thornthwaite, Sharron O'Neill&Ray Markey, "Reforming a complex system: the case of NSW workers' compensation and return to work", *Labour & Industry: a journal of the social and economic relations of work*, 2015, 25 (2), 85.

或减少错误和失误，降低成本，提高立法效益。[①]因此，工伤行政认定法律制度建设必须以其基本的法律概念作为一个逻辑起点，这是一个绕不开的重要环节。

1. 在法律制度中明确工伤行政认定的概念

如前所述，本书所定义的工伤行政认定是指法定的工伤行政认定主体依受伤劳动者、用人单位等行政相对人的申请，依法在其职权范围内作出的对劳动者在用人单位就业期间因工作原因所导致的身心（Physical and Mental）损害是否属于工伤的行政确认行为。对于概念界定的理解需要从三个层次入手：一是工伤事故产生的时间基础。这是说劳动者的伤害无论是安全生产事故所致抑或是工作导致的职业病等不同的伤害类型都是于就业期间产生的。这也是一种重要的工伤构成因素，很显然，如果不是在就业期间造成的劳动伤害，而是在其他时间造成的，用人单位是不应承担相应责任的。二是工伤事故产生的原因基础。这是工伤构成的核心要件，劳动者的伤害要成为工伤关键是劳动者的伤害是由于工作原因所致，而不是因为其他原因所致，这是需要严格把握的。三是工伤产生的实际损害。劳动者由于工作造成了实际的身心损害，这是一个结果要件。这里需要强调的是，对于身体（Physical）的损害指的是劳动者在用人单位就业期间因工作原因而导致的人身有形损害。身体损害一般包括物理性损伤、化学性损伤、生物性损伤等以及法律上通常提到的职业病伤害。心理（Mental）损害是劳动者在用人单位就业期间因工作原因而导致的内心损害或创伤。常见的心理损害应当包括事故后应激障碍和重度抑郁障碍。对劳动者的这种伤害必须进行全方位的客观把握，才能对现实中工伤行政认定进行准确认知。而欧洲委员会在 2001 年的欧洲工作事故统计报告中也提出，工伤事故是指在工作过程中发生的导致身体或精神上的职业伤害。[②]因而，对

① 刘小冰、宋瑞龙：《科学立法：法律是如何产生的》，法律出版社 2017 年版，第 91 页。

② European Commission, European Statistics on Accidents at Work（ESAW）, 2001, 11.

工伤行政认定概念予以科学理性把握是解决未来不断变化的工伤事故最为有效的方法。

2. 明确工伤行政认定中近亲属的概念

笔者认为，在工伤行政认定申请上应该考虑现实中亲属关系的复杂性与客观需要，照顾中国社会传统的人伦关系与情理，采用《最高人民法院关于适用〈中华人民共和国行政诉讼法〉的解释》中关于近亲属的概念规定更为妥当，可以在工伤认定制度中完善这一问题的规定。当用人单位缺位、受伤劳动者本人又由于客观原因不能申请的情况下，可以赋予与其有亲属关系的配偶、父母、子女、兄弟姐妹、祖父母、外祖父母、孙子女、外孙子女和其他具有扶养、赡养关系的亲属来进行工伤认定的申请，从而更加有利于保护工伤职工的利益以及相关利害相关人的利益。

3. 明确工作时间的法律含义

对于工作时间，应根据劳动者的工作性质以及工作要求等条件综合判断较为妥当。工作时间应包含规定时间和非规定时间。规定时间是指用人单位依据劳动法律的相关规定制定的劳动者在单位的工作时间，包括劳动合同约定的时间、用人单位规章制度明确的时间、用人单位明确指令的加班时间、从事与工作有关的预备性或者收尾性工作所需的时间、在工作过程中合理的间歇期。非常规时间是指劳动者在规定时间外，为完成用人单位指派的工作或法定社会事务而形成的工作时间，包括劳动者主动加班工作的时间、处理紧急工作事务的时间、抢险救灾时间等。

4. 明确工作场所的法律含义

随着现代工作方式与手段的发展，工作场所的定义较之以往也发生了巨大的变化。在现代办公的领域里，工作场所已经不再是用人单位所安排的固有场地，也不局限于“台式电脑＋桌椅”的定向组合了，对于新时代的很多工作场所，它在或者不在都取决于劳动者们想让它在何地何处。因此，本书所指的工作场所是劳动者为完成用人单位安排的工作所涉及的相关区域以及自然延伸的合理区域。主要包括：用人单位开展日常生产经营的区域，如车间、办公室等；用人单位设置的辅助性场所，如休息室、厕所、食堂等；因工作原因劳动者来往于多个工作场所之间的必经区域，如上下班途中、从一个工作场所到另一个工作场所的途中等；劳动者为完成工作的合理区域范围，如家中或其他非特定区域。

5. 明确工作原因的法律含义

按照国际劳工组织的定义，工伤就是由于工作原因直接或间接受到的伤害。[①] 其中直接原因是指劳动者受伤与本职工作之间具有直接因果关系，劳动者在工作中因从事具体劳动工作时受到伤害。劳动者事故伤害与本职工作之间的因果关系是必然的、决定性的、非此即非彼的关系。换言之，劳动者受伤直接因工作原因导致，完全排除其他原因受伤的可能性。对“工作原因”的理解，一般情况下是指劳动者正在从事本职工作，具体从“工作内容”及“工作范围”上进行把握。间接原因是指劳动者受伤与本职工作之间具有因果关系，但是这种因果关系并非直接的，而是间接的。换言之，劳动者受伤是基于多种因素导致的，而工作原因仅仅属于劳动者受到事故伤害多种因素中的一种，并且不属于直接的、决定性作用的因素。同时在工伤行政认定过程中，行政主体对于无法查实的伤害事故一般会遵循“工作原因”反向推定原则，是指根据劳动者已有伤害的事实，结合其工作时间、工作场所、工作内容推定其所受事故伤害系工作原因造成。进行的推理大多数时候都是依照如下图式来进行的：

前提：如果某个事实满足了制定法前提 V_1，V_2，……V_m，那么它就会引发法律后果 R_1，R_2，……R_n。

结论：如果某个事实未满足制定法前提 V_1，V_2，……V_m，那么它就不会引发法律后果 R_1，R_2，……R_n。[②]

例如，李某与大连某商贸公司工伤纠纷案，案件中李某系大连某商贸

① 吴琳、李明：《如何认定“因工作原因受到事故伤害”》，载《中国劳动》2012 年第 12 期，第 55 页。

② 〔德〕克卢格：《法律逻辑》，雷磊译，法律出版社 2015 年版，第 186 页。

公司促销员。2016 年 7 月 18 日，李某就其在工作期间受伤一案向工伤行政认定部门提出工伤行政认定申请，并提交了相关申请材料。李某称在 2013 年 2 月 12 日 20 时许，其在沃尔玛东特店上晚班期间去冷冻库取汤圆补货，因汤圆放在三层，取完货后下来时脚下不慎踩空从约 1.4 米高处摔至地面，造成腰部受伤，一周后疼痛加重到大连市中心医院就诊。在案件审理调查中用人单位否认李某在工作期间受伤，并提供了相关证人证言。就本案而言，虽然李某存在非工作原因受伤的可能，但由于相关证人证言并未对李某伤害的时间加以覆盖，因此不能排除李某未在工作期间受伤的可能，用人单位或者工伤行政认定主体没有证据证明李某所受事故伤害是非工作原因导致的，此外工伤行政认定主体对李某就医诊断的腰椎间盘突出症是否与此次事故外伤有关向大连市劳动能力鉴定中心申请鉴定。2016 年 9 月 6 日，大连市劳动能力鉴定委员会出具了《委托伤病关系鉴定结论通知单》评定为：与外伤有关联。故工伤行政认定主体推定李某所受事故伤害属于工伤。所以对于工作原因，实践中应当考虑以下三个方面：一是采取逆向分析确定劳动者受伤的原因。逆向分析是指从劳动者受伤的结果逆向寻找原因。二是分析各个原因与劳动者受伤的原因力大小。根据原因力大小情况，确定造成劳动者受伤的基础事实。三是根据优势证明标准排除不属于工作原因的基础事实。

（二）完善工伤行政认定特殊情况下认定标准

1. 视同工伤的认定标准的确立

如前所述，视同工伤的认定标准的主要问题集中在 48 小时之内的认定上，而现今众多的研究与观点也多集中在 48 小时的起算上。《关于实施〈工伤保险条例〉若干问题的意见》规定：以医疗机构的初次诊断时间作为突发疾病的 48 小时起算时间。基于该规定，在工作时间和工作岗位，突发疾病当场死亡的，认定为工伤没有太大的争议。而没有当场死亡的，工伤行政认定主体认为要直接送往医院，并且要有医院的治疗记录，否则不认定为工伤，有些法院也是这样认为的。[①] 对此有人认为，上述理解并不符合法律规定和实际情况。劳动者在工作时间和工作岗位上发生疾病，并在 48 小时内死亡的，即使未经医院抢救，亦可视为工伤。但笔者认为，这些观点都忽视了工伤行政认定的最基本目的，那就是尊重和保障人权。随着现代化医疗技术的不断进步，对于很多以前短时间内无法救治的医疗疾病，现今都可以通过治疗延长患者的生存时间，这也是社会发展的突出表现。但对于 48 小时的限制性规定，无论如何起算，将事故人的救治时间加以限定时，均是对人权的忽视，那么任何的立法也均没有其存在的意义。作为工伤行政认定主体实施的具体行政行为的核心关注点并不应当集中在时间的规定上，而应当考虑到劳动者的伤害或死亡是否与工作原因相关，工作原因才是判断劳动者是否属于工伤的核心关键，其他要件都是辅助要件。因此对于该条款的规定，笔者认为最好的解决方式就是取消 48 小时的规定，引入推定原则，即"在工作时间和工作岗位，因工作原因或工作压力而引发突发疾病或者经抢救无效死亡的，应当视同工伤"，进而让立法回归以人为本的根本目的上。

2. 认定工伤排除范围的明确

对于该条款中将"故意犯罪"及"醉酒或者吸毒"的情形排除于认定工伤或视同工伤的范围，笔者认为这是毫无疑义的，但"自残或者自杀"的情形予以排除却值得商榷。自残是指人对自身肢体或是精神上的伤害，自残的极端情况则是自杀。从"自残或者自杀"行为的表面上看是一种主观上的主动行为，但是这种表现除了主观恶意以外目前社会还出现很多因工作原因导致的抑郁患者。如本书之前所述，工伤的概念应当是指劳动者与用人单位在雇佣关系存续期间，因工作原因所导致的身心（Physical and Mental）损害，其中心理损害就包括创伤后应激障碍和重度抑郁障碍。这种因外界压力而引发的障碍中，有一些将会出现"自残或自杀"的行为，如

① 杨科雄：《最新工伤认定规则与适用》，法律出版社 2015 年版，第 135 ~ 137 页。

果将由工作原因而引发的“自残或者自杀”行为排除在工伤行政认定范围之外，则有失工伤行政认定的立法本意。

第三节 完善我国工伤行政认定行政主体法律制度

工伤行政认定行政主体法律制度的完善是工伤行政认定主体实施的具体行政行为顺利开展的基本要求，如何在实践中富有成效地开展工伤行政认定确认工作，高效快捷地开展工伤行政认定执法业务，这是工伤行政认定主体需要切实加以解决的问题。另外，工伤行政认定主体机制的构建与完善发展创新需要解决的主要问题是在既定的体制框架结构下实现不同行政主体之间的有机衔接与相互配合，从而更加充分地实现各个主体的协调配合作用，进而发挥工伤行政认定整体机制的作用，实现工伤行政认定的高效运转。这是改革发展当前工伤行政认定行政主体机制，实现机制创新的必由之路，也是广大劳动者与用人单位的现实需求。

一、促成工伤行政认定执法体制的变革

（一）建立具有独立性的工伤行政认定主体

行政主体存在的宗旨以及行为的目的指向就是以国家利益和社会公共利益为基本目标，维护国家利益、社会公共利益是公共行政与行政行为的基本立场。工伤认定行政行为在行为的类型上属于行政确认。因而，在研究工伤行政认定行为及其制度的过程中需要对其执法体制进行分析。工伤行政认定的执法过程对于工伤劳动者伤害后能否顺利取得相应的赔偿待遇起到至关重要的作用。在这样的状况下，将工伤行政认定执法体制截取出来作为一个独立的阶段性行为制度进行微观审视以及开展与之相关的制度建

构、创新发展，使之能够充分地实现公共行政服务的社会化需求就成为工伤行政认定法律制度需要解决的根本问题。对于工伤行政认定执法体制的变革与发展需要调整相应的工伤行政认定法律体制与实现相应的制度变革，相反，工伤行政认定执法体制的局部调整与变化又可以在某种程度上促进工伤行政认定法律体制与制度的变革与完善，而这是一种相辅相成的关系。

工伤行政认定执法体制的变革与创新，所要解决的问题就是工伤行政认定行政主体自身的变革与创新。因而，应根据目前工伤行政认定形势的发展，进行适当的改革。改革的方向是进一步突出工伤行政认定的行政职能，公众对于行政职能接受率的高低在很大程度上取决于行政主体的权威大小，[①] 建立相对独立的工伤行政认定部门，全面落实工伤行政认定的主体权能，配备与其法律主体地位相一致的权责机构体系，这是发挥工伤认定功能作用、提升行政主体权威性的重要步骤。

1998 年我国政府机构改革中，原劳动部门的工伤事故预防、职业病预防的职能被分离出去，由新组建的国家安全生产监督部门负责，伤残鉴定标准由卫生部、国家技术监督局负责，工伤行政认定业务由社会保险行政部门负责。根据我国工伤行政认定法律制度的规定，我国的工伤行政认定工作是由社会保险行政部门负责，国家安全生产监督管理部门负责综合管理我国的安全生产工作。由于历史的原因，在安全生产事故预防管理问题上，社会保险行政部门和安全生产监督管理部门存在职能交叉。2018 年我国再次通过机构改革成立了应急管理部，主要目的是防范化解重特大安全风险，健全公共安全体系。但其所属对于用人单位进行职业健康和安全生产检查的职责却是与工伤行政认定、工伤预防息息相关。

本书认为，从发展的眼光来看，劳动者是经济、社会发展的基础，对于劳动者进行安全保障是提升劳动者劳动生产力的必要手段。从发达国家的已有经验来看，绝大多数国家为了实现对劳动者的工伤保护，在其劳工机构

① 段丽娟：《行政执法手段研究》，河南大学 2011 年硕士学位论文，第 5 页。

下设立了独立的安全生产管理部门，承担了工伤行政认定的职能。以加拿大为例，其所属各省均成立了独立的就业安全部门，如在不列颠哥伦比亚省其就业安全机构为WorksafeBC，安大略省的就业安全机构为WSIB（Workplace Safety & Insurance Board），这些机构在其劳工部门中的规模是最大的。像WSIB在安大略省的职业健康和安全方面便发挥了关键作用。WSIB管理着大约24万个用人单位并覆盖约400万名劳动者，其职责也不局限于工伤行政认定，还包括预防工伤和疾病，为残疾人提供福利，管理卫生保健，并协助在工作中受伤或患有职业病的劳动者及早并安全重返工作岗位。仅2010年，共有242 371个工伤行政认定申请被登记。[①]

可以说，发达国家对于劳动者就业安全方面已经是非常重视，值得我国借鉴学习。因此从我国的劳动者就业安全发展来说，应当在现有的社会保险行政部门内建立就业安全局。将分散在应急管理部门的安全生产监督、安全防护检查，卫生健康委的职业健康卫生检查，社会保险部门的工伤保险收缴政策制定、工伤行政认定、就业指导等相关职能进行整合，这样可以最大限度地实现对减少和解决劳动者的事故伤害的管理，有利于提升和进一步保障劳动者在用人单位就业期间的人身安全与健康。从实践来看，就业安全局成立的实质是协同管理，这有利于减少现有机构或部门间相互协作的难度，有助于提升有关就业安全管理的协同绩效。然后可以优化解决劳动者伤害事故的流程，由于工伤预防和职业健康卫生检查的统筹结合，可以进一步提升行政主体对于工伤预防的促进作用，推动风险的源头治理，从根本上减少工伤事故的发生，从而保障劳动者的生命财产安全。另外，还应当统一安全生产标准，现有的多头安全检查不仅增加了用人单位负担，同时极大浪费了行政资源，成立就业安全局有利于行政行为标准的统一，提升就业安全管理的科学性与规范性。

---

① KPMG LLP, WSIB Adjudication & Claims Administration (ACA) Program Value for Money Audit Report, 2011, 5.

（二）理顺工伤行政认定主体与相关主体之间的法律关系

工伤行政认定主体与其他相关主体之间应当是一种法治化合作关系，工伤行政认定主体通过在工伤行政认定过程中建立的与应急管理部门、医疗机构、卫生部门、市场监督管理部门、公安部门、银行、法院等相关主体之间有效的法治化合作，建立一种有利于工伤行政认定的常态合作制度机制，从而确保工伤认定的效率与公正。具体体现在：

1. 建立与应急管理部门之间的事故报告机制

工伤行政认定主体与应急管理部门之间建立事故报告机制是行政法意义上的行政协助，是行政主体基于无隶属关系的其他行政主体的请求，依法为请求方执行行政任务提供帮助的行为。[①] 工伤事故根据发生原因的不同可以大致分为生产事故型工伤和非生产事故型工伤。根据《生产安全事故报告和调查处理条例》的规定，生产事故指的是生产经营活动中发生的造成劳动者人身伤亡或者直接经济损失的事件。非生产事故型工伤是指劳动者受伤不是由于生产安全事故原因所致，而是由于其他各种复杂的因素造成的身心损害。在生产性安全事故发生以后，应急管理部门第一时间介入调查事故以及对人员伤亡事项进行调查统计，与此同时工伤行政认定部门可以参与其中，固定相关证据或者协同应急管理部门对事故的调查，在此过程中着重对劳动者遭遇的伤害性质进行调查核实，当然也可以应急管理部门的法定调查结果为准，进行相应的工伤行政认定，这就要在它们相互之间进行常态化的合作协同，建立起规范化的合作机制，然后建立与应急管理部门、卫生部门之间的工伤预防合作机制。在现有制度体制下，应当由各方联合对用人单位进行日常的劳动安全、卫生教育，以及开展常规性的安全卫生检查，做到工伤的有效预防。

2. 建立与医疗机构之间的协助机制

现今在工伤行政认定过程中，医疗机构只是负责受伤劳动者的治疗和

---

① 唐震：《再论行政协助概念之界定》，载《东方法学》2012 年第 4 期，第 157 页。

出具诊断书，其与工伤行政认定主体之间缺乏必要的法律联系，从经济学的角度来看，工伤行政认定主体向对治疗受伤劳动者的医疗机构支付报酬，双方已然形成了契约关系，因此医疗机构理应向工伤行政认定主体履行相关协助义务。本书认为从对受伤劳动者首诊到恢复就业期间，医疗机构应当向工伤行政认定主体履行定期提供医疗信息及医疗建议的协助义务。具体协助义务包括：首先，医疗机构内的医生、护士等工作人员有义务接受工伤行政认定主体对于劳动者伤害事故的调查或咨询。其中包含医生按照法律法规或工伤行政认定主体要求的形式在规定时间内提供有关劳动者事故伤害治疗的报告；在医生认为受伤劳动者能够恢复工作或者在恢复工作后仍继续治疗的情况下提供报告；向受伤劳动者或者家属提出一切合理必要的信息、建议和帮助，以及申请工伤行政认定所需证明。其次，医疗机构对于工伤劳动者所提供的医疗服务或护理均受工伤行政认定主体的指导、监督和控制。

3. 建立与其他机构之间的协查机制

要建立与市场监督管理部门、公安部门以及银行等主体之间的协查机制。目前工伤行政认定中存在的用人单位消极应对、敷衍了事，甚至阻挠的现象仍然较为普遍。在这种情况下，市场监督管理部门、公安部门及银行强有力的规范化、制度化协助成为急迫需要。

要建立与法院之间的证据衔接机制。工伤行政认定主体与法院应开展常态化制度化合作。工伤行政认定过程中，特别是在工伤的调查核实中对证据的调查以及对劳动者伤害与工作之间因果关系的认定需要与法院司法审查相衔接，在这一问题上工伤行政认定部门应与法院展开合作，形成对调查认定事实的规范化认定标准、认定程序以及因果关系的准确把握，形成对证据形式的标准化考量，从而在工伤行政认定过程中高效率地提供纠纷解决服务。

工伤行政认定主体与其他相关主体之间法治化合作关系的建立离不开现代化科学技术的支撑。现代社会是信息社会，通过现代的网络系统建立一种互通有无的信息共享机制，在技术上已经没有障碍。在不同法律主体之间建立起信息共享桥梁，从而对劳动者的个人基本情况、工作性质、工作种类、工作岗位的状况及其变化有一个动态的了解。与此同时，应对用人单位的工作条件、工作环境、月工状况以及缴纳社会保险的情况均有一个全面动态的了解，这对于开展工伤行政认定工作是一项重要的助力机制。工伤行政认定的法治化合作关系建立是在新形势下解决工伤行政认定、服务受伤劳动者、尽快解决纠纷的重要工作原则与程序原则，它理应贯穿于工伤行政认定的全过程，从而确保工伤行政认定工作的顺利进展，平衡行政相对人、受伤劳动者与用人单位之间的利益，创造和谐的劳资关系。

二、实现工伤行政认定主体职权的法定化

工伤行政认定主体职权的法定化是工伤行政认定制度改革创新的重要内容，也是有关工伤行政认定制度事关主体建设的基本方面。工伤行政认定主体职权的法定化、规范化需要进一步完善的有以下几点。

（一）扩充工伤行政认定的执法权能

从当前工伤行政认定实践状况来看，需要进一步完善工伤行政认定的权能与手段，丰富工伤行政认定过程中的执法措施。工伤行政认定的调查权从其属性来看，应当具有强制性的特征，但在现有工伤行政认定法律制度下强制性特征相对缺乏，因此为了保证对劳动者伤害事实的查清，可以考虑增加工伤行政认定过程中涉案物品的查封、扣押以及涉案场所的封存等措施，增强执法手段。但笔者所强调的工伤行政认定调查过程中的强制属性并不是说工伤行政认定主体在每一次伤害事故调查任务的完成过程中，都要通过行政强制力直接予以实现，而是说工伤行政认定调查过程中的这种强制力是潜在的，多数情况下是一种最终保障手段或者是一种促使工伤行政认定调查已进行的保证手段。从工伤行政认定调查的实际运作状况来

看，工伤行政认定调查的实施由于往往可能通过强制力予以实现，在运作的过程中极易造成行政相对人权益的侵害，在这种情况下，从理论上和立法上讲，为了充分保障相对人基本权益，实现公益与私益的合理平衡，有必要通过法律规定赋予工伤行政认定的权力范围，需要建立与之匹配的权力清单制度，明确工伤行政认定主体的各项职权与制度性措施。

（二）设定与工伤行政认定相匹配的惩戒机制

从现有的工伤行政认定规定来看，当前工伤行政认定的手段比较软，对于一部法律、一项规则没有惩罚机制就等于无牙的老虎，不会对规制对象产生威慑。在这个意义上，相应的法律责任与惩戒机制的设定就显得尤为重要。需要明确用人单位责任，用人单位责任是用人单位基于合意和从属性的劳动关系建立而对其员工承担的企业社会责任。[①] 例如，对用人单位未向劳动者提供相应的安全设施而导致工伤事故发生的，工伤行政认定主体应该进行监督检查并给予处罚，不仅进行经济惩罚更要进行资格性惩罚，否则，用人单位违法成本太低，法律规定对其无威慑力，法律效果、社会效果都不理想。又如，对于用人单位在工伤调查取证过程中不予配合的行为、故意隐匿涉案证据材料、消极应对等情形应该予以严厉惩罚，不仅是经济制裁，更严重的可以采取如停业整顿等手段。目前的工伤行政认定措施制度过于软弱，导致执法不力，不能有效维护受伤劳动者的合法权益。

（三）明确工伤行政认定的行政职权

工伤行政认定法律制度中应详细明确工伤行政认定主体对劳动者与用人单位之间相互关系的认定职权，不能因为劳动者与用人单位之间在相互关系认定上存在复杂因素而将之推向劳动仲裁。实践中将认定职权推向劳

---

① 刘文华：《社会保险法治化政策研究专题：工伤认定制度与实践》，载《中国劳动》2018 年第 3 期，第 25 页。

动仲裁的情况多有发生，原因在于有关工伤行政认定法律制度对此规定不明。这导致工伤行政认定的案件均需对劳动者与用人单位之间相互关系进行漫长的确认之后方可启动工伤行政认定程序，这极大地降低了行政效率，严重侵害了受伤劳动者的基本权利。因此，在工伤行政认定法律制度应明确规定工伤行政认定的职权主体，从而避免实践中劳动者循环维权，以及职权不清导致的行政效能低下。此外，对于工伤行政认定中出现的各种事实认定如伤害类型认定、伤害程度认定、伤害与工作原因的因果关系认定、伤情鉴定，特别是对那些非生产性事故原因造成的伤害是否为工伤需要较长的详细调查核实甚至反复鉴定的过程，这就需要对工伤行政认定主体赋予与其工作的复杂性相匹配的调查核实权限。

三、加强工伤行政认定主体的规范化

行政法治的一个重要准则就是要实现行政主体的规范化。工伤行政认定主体的规范化是工伤行政认定工作得以顺利开展的前提条件。工伤行政认定工作是一项专业性很强的行政管理与服务工作，必须要有与之相匹配的体现专业化程度较高的主体机构与人员结构。从目前工伤行政认定的具体行政行为实施的效果来看，工伤行政认定主体的规范化工作有待进一步加强。因而，工伤行政认定主体的组织建设、物质保障建设、人员素质建设等方面至关重要，这些都需要通过法制化的手段予以规范。此外，为适应工伤行政认定工作的专业化需要，人员结构以及人员素质需要作进一步调整。工伤行政认定同样需要专业化队伍建设，更需要认定效率。专业与效率是工伤认定需要解决的核心问题，只有专业的工伤行政认定机构与专业的人员配备才能确保工伤行政认定机关的高效迅捷与工作质量的高标准。专业的人员素质包括法律素质以及与工伤行政认定相关联的技术能力、技术素质。可以通过启动统一的工伤行政认定职业考试，凡工伤行政认定岗位执法人员必须通过统一的法律职业考试，且具备相关的专业背景。专业干练的人才队伍是推进工伤认定执法工作规范化的基本保障。

第四节 完善我国工伤行政认定行政程序法律制度

在行政法上，行政程序是指行政主体在行使行政权力、实施行政活动、履行行政职责过程中所遵循的时限、顺序，以及方式、步骤的全部行政过程。现代法治国家特别强调对于行政行为过程加以规范化、制度化，即对直接影响行政相对人权益产生影响的行政行为实施规范的程序规制。以法定的方式、途径设置相应的程序规则和制度来规范行政权力的运作，规范行政行为的运行过程，从而体现现代公共行政的民主、自由与法治精神，实现公共行政的公开、公平和公正。因此，行政程序已经成为现代政府行政活动中不可或缺的组成部分与重要内容，行政程序与行政行为须臾不可分离，是行政行为的过程性体现。民主化、法治化、规范化的行为过程实际上就是行政程序展开的过程。现代行政程序是在一系列的价值理念与理论原则的框架下建构起来的，在此基础上有一整套制度与之相匹配。诸如行政公开制度、行政调查制度、说明理由制度、案卷制度等，在这些程序制度的基础上建立起了一系列程序法律规则。

工伤行政认定行为及其制度运行也需要行政程序理论、原则，以及一系列与工伤行政认定规律相一致的程序规则予以规范，才能使得工伤行政认定制度实现规范化与效率化，最大限度实现在工伤行政认定过程中的受伤劳动者因工负伤而获得合法、合理的物质与精神待遇。

一、体现工伤行政认定的程序公正

在工伤行政认定的实践中，明显存在一强一弱的相对人双方，在作为申请人的受害劳动者申请工伤，而用人单位不认为是工伤的情况下，情况往往较为麻烦。在这个时候，工伤行政认定的立法政策对劳动者一方往往是不利的，用人单位的常用手段是通过不断地提出工伤行政认定的异议，在行政复议程序、劳动仲裁程序、行政诉讼程序中对抗受伤劳动者。在这种情况下，如何针对目前制度的弊病设计出更具平等性的工伤行政认定行政程序，很显然是需要斟酌的一项重要问题。工伤行政认定行政程序制度所要解决的核心问题就是如何尽快地落实受伤劳动者的医疗救助与健康康复，而现有的行政程序似乎让受伤劳动者维护权益成为一场马拉松。因而，这对于受伤劳动者来说是极不公正的。正是在这个层面上，笔者认为应该改变目前的工伤行政认定行政程序机制，在此基础上增加工伤行政认定的物质保障措施，实现工伤行政认定的实质公正。易言之，在工伤行政认定程序制度问题上，往往实质公正比形式公正更为重要，工伤事故的受伤劳动者要的不是走完所有工伤行政认定法律程序的参与心理，而是要尽快完成工伤行政认定程序所为其带来的实际制度福利，那就是及时的医疗救助与身心康复，其他的均无意义或者价值不大。

如前文所述，在实践中，当用人单位未能为受伤劳动者缴纳工伤保险时，个别用人单位会依据现有工伤行政认定制度中的申请序位规定，敷衍劳动者或者拖延时间。因此笔者认为，劳动者应当具有与用人单位的工伤行政认定申请相一致的起始时间，一方面促使用人单位及早提出工伤行政认定申请，另一方面可以更好地保障受伤劳动者的权益，使其及早地得到医疗救助。此外，对于个别用人单位滥用申请时限延长的做法。本书认为，应当通过制度规定，明确用人单位申请延长的情形、程序和具体期限，如遇不可抗力等，但不宜将延长的情形扩大化。这样也可以防止相关证据因为时间的推移而灭失，促使工伤行政认定主体进行准确的认定，维护工伤职工的合法权益。

二、简化工伤行政认定的程序

完善工伤行政认定的行政程序法律制度建设，是工伤行政认定效率原则的体现。工伤行政认定过程中的行政相对人，尤其是受伤劳动者，其在伤害事故中遭受到身心伤害，对于医疗救治的急切性是其他行政确认或行政许可事项所不具备的，因此必须重视效率问题，通过行政程序规则保障行政权的政策高速运转[①]。

笔者认为，为了提高工伤行政认定的效率，完善工伤行政认定程序，及时维护受伤劳动者的合法权益，可以考虑从以下几个方面着手。

一是缩短用人单位的工伤行政认定申请时限。劳动者发生事故伤害或者按照职业病防治法规定被诊断、鉴定为职业病，所在单位应当自事故伤害发生之日或者被诊断、鉴定为职业病之日起 7 个工作日内，向工伤行政认定部门提出工伤行政认定申请。但是在特殊情况下，用人单位应当立即通知工伤行政认定机构所发生的任何事故，包括：导致劳动者严重受伤或死亡的；涉及有毒有害物质释放的；涉及可能导致劳动者严重受伤的火灾或爆炸的；其他的导致劳动者可能产生重大伤亡事故的事件。对于用人单位而言，用人单位必须将受伤劳动者的事故当成头等重要事务抓紧处理，这是对劳动者权益保障的基本要求。现有规定对用人单位自事故发生之日或者被诊断、鉴定为职业病之日起 30 日内申请工伤认定，该规定的时间过长，对于受伤劳动者需要承担的风险就越大。此外，对于用人单位来说，遇有特殊原因不能无原则地随意申报延长工伤申报时效，而应该书面说明理由并接受审查，同时延长时间不能随意，只能延长 7 天，需工伤行政认定主管部门负责人批准。对于用人单位而言，在劳动者遭遇工伤事故或者被诊断出职业病以后，没有任何理由拖延，而应该在第一时间迅速介入并向工伤行政认定的主体报告，否则应承担拖延履行申报义务相应的法律责任。

二是缩短劳动者、近亲属、工会组织申报工伤的时限。用人单位未在规定的时限内提出工伤行政认定申请的，受伤劳动者或者其近亲属、工会组织在事故伤害发生之日或者被诊断、鉴定为职业病之日起 6 个月内，可

① 刘青、杨东升：《严格执法：政府是如何执行法律的》，法律出版社 2017 年版，第 68 页。

以直接向用人单位所在地统筹地区工伤行政认定部门提出工伤行政认定申请。为了进一步提高工伤行政认定的申请实现与办事效率，将受伤劳动者、受伤劳动者的近亲属、工会组织申报工伤的时间缩短为6个月，由原来的1年时间变为6个月的时间较为妥当，从而有利于敦促受伤劳动者本人或者其近亲属尽快办理有关受伤劳动者的保险申报事宜。在此过程中，如出现无前两者的行动，则由工会尽快介入行动，于6个月之内启动工伤的申报程序。这样可以大大缩短受伤劳动者的工伤保险申报时限，有利于工伤行政认定机构及时查明事实，作出认定，提高工伤行政认定的效率。而其更重要的现实意义是可以让劳动者更早地接受治疗，避免伤情的恶化。

三是缩短工伤行政认定的审核期限。从笔者的工作实践来看，大部分的工伤行政认定申请均属于受伤事实清晰，劳动者与用人单位也均无异议的案件，因此现有的法定工伤行政认定的审核期限大大超过了实际所需的时间，所以笔者认为除特殊情况需要申请延长审核期限的工伤行政认定案件外，其余案件应当自受理工伤行政认定申请之日起30日内作出决定，并书面通知申请工伤行政认定的受伤劳动者或者其近亲属和用人单位。

完善工伤行政认定程序制度建设还应当对工伤种类进行类型化分析，将不同种类的工伤进行类型化的法律程序处理。通过完善法律程序实现工伤处理程序的繁简分流，这是目前工伤行政认定程序中需要着力加以解决的事项。对于法律关系简单的工伤行政认定申请，如劳动者伤害事实清楚、证据确凿、权利义务清晰的应该从速处理，实现办案的高效便民。以笔者在大连市甘井子区工伤行政认定机构工作期间的工伤行政认定审理数量来看，2012年为1277件，2013年为1135件，2014年为1282件，2015年为1327件，2016年为1245件，而其中工伤事故事实清晰的案件基本上能达到90%。因此完全可以建立一种工伤行政认定中央电子索赔系统，在系统中引入自动认定模式，对于工伤案件明晰、赔偿金额较小的工伤行政认定案件可以由电子系统直接审理通过，从而将人工决策集中在更为复杂的工伤行政认定的案件中，进而节省行政资源，提升行政效率。

三、优化工伤行政认定的证据制度

工伤行政认定的调查制度是指工伤行政认定主体在对受伤劳动者的工伤事故进行行政确认的过程中，对该事故伤害是否属于工伤进行的事实调查或证据收集的活动。事实调查或证据收集作为行政主体赖以作出具体行政行为的事实依据，是依法行政的重要内容之一。证据是行政主体作出的行政行为事实基础。任何行政行为的作出，都是行政主体将抽象的法律规范适用于具体事件的结果。在这一过程中，事实调查或证据收集是行政行为具备合法性的重要基础。易言之，如果没有相应的证据证明相关案件事实，行政行为将会丧失事实基础，从而导致行政行为因为没有事实或证据支持而违法或无效。

在行政主体的调查过程中，行政主体调查收集、审查以及运用证据证明待证案件事实必须符合法律规定，这也是法治行政在行政证据领域的基本要求。只有经合法的证据证明的事实才能成为行政主体在作出行政行为时所依据的事实，如果行政主体无法保障调查的事实和收集的证据的真实性、合法性，那么接下来行政主体在适用法律和执行程序的合法性上便无法立足，个案的公正也就无法落实。由此可见，事实调查或证据收集对于推进依法行政具有非常重要的价值。

行政证据是行政程序运行的基础。行政程序是行政主体作出、变更或消灭行政行为所必须遵守的，由互相衔接的按照时间顺位构成的环节所组成的法律程序。行政主体在行政程序中，要在当事人以及其他参加人的参与下，经过调查取证，收集、审查、核实案件相关的证据，对行政程序中取得的证据的真实性、关联性、合法性进行斟酌辨别，并最终作出行政决定。调查制度中的程序主要包括：一是行政执法人员表明身份、立案。开始程序主要是为调查收集行政证据而做的准备工作的程序。程序开始之后，便进入调查取证程序。二是调查取证。调查取证是指行政机关为查明案情而依法定程序进行的调查活动，以及为收集有关证据、采取检查等而进行的一定强制措施的活动。调查，主要包括询问当事人和询问证人。取证，主要指现场勘验和对专门问题进行的鉴定。具体来说，主要包括听取当事人的陈述和辩解、询问证人和鉴定人、提取物证、现场勘验、现场笔录、调取视听资料、查验核实、鉴定、要求当事人提出证据等。调查取证是行政主体实施行政处罚的基本步骤，通过调查取证工作，行政主体可以比较全面地了解案件事实，掌握大量有关证据。在此基础上，行政机关才能对案件事实的性质加以确定，并依法对行为人实施行政行为。三是决定阶段。这个阶段是实现调查制度价值及作用的阶段。应该说，调查制度有利于规范行政权力的有效行使，支持和促进行政机关依法行政。在行政程序中准确客观地把握行政证据，对于行政机关顺利推进办案、提高依法行政的水平与能有很大帮助。

工伤行政认定调查制度的完善需要依靠具体法律制度建设，形成明确的用人单位、劳动者、工会组织、医疗机构以及有关部门义务性协查机制。对于不同类型的工伤事故进行调查与举证责任的分配，在用人单位管理区域内发生工伤事故的，由用人单位承担调查义务与举证责任，用人单位必须在事故发生后立即进行初步调查，包括确定对事故有重大影响的任何不安全因素以及在确定了不安全因素后，所采取的必要的纠正措施，以防止在一定时期内再次发生类似事故。对于在非用人单位管理区域内发生工伤事故的，由劳动者承担主要的举证责任。上报至用人单位后，由用人单位核实后形成调查报告。用人单位应在 48 小时内完成调查报告，然后根据工伤行政认定主体的要求形式进行提交。随后工伤行政认定主体可以结合双方提供的其他证据材料以及在工伤行政认定调查过程中取得的合法的证据作为工伤行政认定的法律基础，并借此形成工伤行政认定决定。如果劳动者或用人单位其中一方拒绝提供应有证据时，应当承担不利后果。

笔者认为，只有通过法律明确各方在调查环节的举证责任，才能确保工伤行政认定中最终所作出的工伤行政认定结论是建立在充分的证据基础之上的。

第五节　完善我国工伤行政认定的行政救济制度

行政救济制度对于工伤行政认定行为及其制度构建有重要价值。工伤行政认定法律制度的行政救济制度的方式，主要包括行政复议和行政诉讼。

一、重组工伤行政认定的复议机构

工伤行政认定行为所产生的结果是专业知识的运用。由于工伤行政认定的对象是伤害事故，因此其所具有的专业性与其他具体行政行为并不相同，所以不具备专业知识的人员无法对伤害事故作出权威的判断或常识的推理。而我国工伤行政复议机构工作人员专业性较缺乏，无法完全保证工伤行政认定当事人的合法权利。因此，笔者认为工伤行政认定的行政复议作为内部审查的机制，在重组行政复议主体结构时，应当设立工伤行政认定合议委员会。由于工伤行政认定过程中对于医疗技术、法律专业知识需求的特殊性，该委员会的人员构建由行政人员、专家（包括技术专家，如医生、技术鉴定人员等；法律专家，如律师、学者等）、用人单位代表、劳动者代表、工会组织代表共同组成，然后一同对工伤行政认定案件的认定结果进行审查。

笔者认为，工伤行政认定合议委员会可由 7 名投票委员组成，分别为 1 名行政复议机构代表、1 名劳动者代表、1 名用人单位代表、1 名工会组织代表、1 名为劳动者提供医疗或康复服务的专家、1 名在劳动法领域的法律专家、1 名在职业健康和安全预防领域的专家，其中行政复议机构代表作为该委员会的负责人行使组织职能。上述人员应从至少 3 人名单中进行差额遴选，每名人员在其所代表的组织中获得提名，未入选人员可作为递补人选随时接替工伤行政认定合议委员会成员，合议委员会人员任期最长为 3 年，其报酬及履行职责过程中所必然产生的费用由工伤保险基金支付。

工伤行政认定合议委员会的设立有助于强化工伤行政认定行政复议机构的独立性，从而确保工伤行政认定复议的公平性。由于专家的引入，也能够提高工伤行政认定行政复议的科学性、合理性。同时，由于行政复议机构所处的管理地位，其在构建合议委员会过程中可以充分运用自己内部的专业技术人员和资源解决问题，相比人民法院在行政诉讼过程中另外聘请相关专家而言，在行政复议阶段进行工伤行政认定的专业性分析将大大降低行政救济的成本。更重要的是有利于减轻可能出现的行政诉讼阶段人民法院的负担和累诉。当然，工伤行政认定的合议委员会的组成、专家遴选、职权范围、责任形式都需要进一步明确。当下各地政府普遍将专家纳入行政复议委员会的做法值得借鉴。

二、尝试工伤行政认定的行政公益诉讼制度

公益诉讼是指特定的国家机关、组织或者个人依照法律规定，为保障国家或者社会公共利益而提起的诉讼。[①]行政公益诉讼作为公益诉讼的一种，是指检察院、公民及社会组织认为行政主体行使职权的行为违法，侵害了公共利益或有侵害之虞时，虽与自己无直接利害关系，但为维护公益而向特定机关提出起诉请求，并由特定机关依法向人民法院提起的行政诉讼。

2014 年修改的行政诉讼法，并未确立行政公益诉讼制度，但现实中行政公益诉讼具有广泛的诉求。2017 年 6 月 27 日第十二届全国人民代表大会常务委员会第二十八次会议通过了关于修改《中华人民共和国行政诉讼法》的决定，对其第二十五条增加一款，作为第四款："人民检察院在履行职责中发现生态环境和资源保护、食品药品安全、国有财产保护、国有

① 江必新：《论公益诉讼的价值及其建构》，载《人民法院报》2009 年 10 月 29 日第 5 版。

土地使用权出让等领域负有监督管理职责的行政机关违法行使职权或者不作为，致使国家利益或者社会公共利益受到侵害的，应当向行政机关提出检察建议，督促其依法履行职责。行政机关不依法履行职责的，人民检察院依法向人民法院提起诉讼。”

所谓国家利益和社会公共利益，是指国家的整体利益以及不特定的社会成员的利益，具有利益主体开放性的特征。公共利益包含个人利益，但并不是个人利益的叠加，也不是某一群体的利益。行政公益诉讼中，人民检察院提起诉讼并不是出于维护自身利益，而是为了维护公共利益。但公共利益并不排斥私人利益，私人利益因权利主体的众多和不确定性可上升为公共利益。对于人民检察院提起行政公益诉讼的案件范围，新修改的《行政诉讼法》明确为“人民检察院在履行职责中发现生态环境和资源保护、食品药品安全、国有财产保护、国有土地使用权出让等领域负有监督管理职责的行政机关违法行使职权或者不作为”。虽然该条款列举了人民检察院提起行政公益诉讼案件的范围，即生态环境和资源保护、食品药品安全、国有财产保护、国有土地使用权出让四个领域。但需要指出的是，行政公益诉讼案件范围的规定里有一个“等”作为兜底条款，确立了开放式的案件范围认定模式。从发展的角度看，随着行政公益诉讼工作的推进，“等”字对于在工伤行政认定中建立行政公益诉讼制度有着重要的作用。

现今工业技术的飞速发展以及环境的变化导致特定工种职业群体的群发性疾病日益严重，而由劳动者个别进行诉讼不足以保护特定劳动者群体的整体利益。比如，环卫工人群体由于日常接触了大量的可吸入颗粒物、二氧化硫、氮氧化合物、一氧化碳等污染物，极易罹患呼吸系统疾病或者因肺尘埃沉降而引起的致残性肺损伤。又如，消防员在救火过程中，所接触的污染物更为复杂。美国疾病控制与预防中心（CDC）在 2016 年公布了一份研究报告，指出消防人员患上某些癌症的概率比一般人高，因癌症死亡的风险也比较高。达拉斯消防员协会的数据显示，从 2005 年前后至今，至少有58位退休的消防员报告有癌症相关的健康问题，而且有6名现役的消防员因癌症死亡。[①]同时，加拿大不列颠哥伦比亚省的《工人赔偿法》第6.2（2）条明确规定："如果作为申请人的工人，患有传染病，除非有相反证据，否则必须推定传染病是由于工人就业性质所致。"再如，由于我国人口基数大，医疗需求大，医院的医护人员感染疾病已经逐渐成为不可忽视的问题。[②]而我国现行的职业病目录更新的速度无法赶上新兴疾病产生的速度，依靠现有工伤行政认定法律制度无法为上述就业群体提供及时有效的社会保障。以工伤行政认定的行政主体为主导对该类事故进行认定有悖于行政主体依法行政的宗旨，而行政公益诉讼制度的设立主要目的就是对具有广泛性和不特定性的广大劳动者群体的利益进行保障，其与工伤行政认定之间具有一定的契合性。因此，笔者认为，在工伤行政认定领域引入行政公益诉讼制度有助于解决特殊就业群体的职业病保护，有利于工伤行政认定的受伤劳动者群体的权利救济。同时，由于检察机关所具有的法律监督的宪法地位和提起公诉的法定职能，并且具有一支长期从事法律工作的专业队伍[③]，因此在提起行政公益诉讼的过程中，检察机关也可以对工伤行政认定主体起到监督作用。

为了增强行政公益诉讼的可操作性，《人民法院审理人民检察院提起公益诉讼案件试点工作实施办法》规定：人民检察院提起的第一审行政公益诉讼案件由最初作出行政行为的行政机关所在地基层人民法院管辖。经复议的案件，也可以由复议机关所在地基层人民法院管辖。人民检察院对国务院部门或者县级以上地方人民政府所作的行政行为提起公益诉讼的案件以及本辖区内重大、复杂的公益诉讼案件由中级人民法院管辖。第一审行政公

① 《研究发现：消防员患癌症机率比一般人高》，中国新闻网，2018年4月27日，http://www.chinanews.com/hr/2018/04-27/8501568.shtml。

② 邱炜、彭伟：《126家基层医疗机构医院感染的现状及监督管理》，载《中国卫生产业》2018年第5期，第134页。

③ 胡卫列：《论行政公益诉讼制度的建构》，载《行政法学研究》2012年第2期，第39页。

益诉讼案件，原则上适用人民陪审制。人民法院审理人民检察院提起的行政公益诉讼案件，不适用调解。对于人民法院作出的行政公益诉讼判决、裁定，当事人依法提起上诉、人民检察院依法提起抗诉或者其他当事人申请再审。人民检察院提起行政公益诉讼之前，必须先通过检察建议的方式督促行政机关纠正违法行政行为或者履行法定职责。可以说，将工伤行政认定引入行政公益诉讼不但必要而且可行。在工伤行政认定法律制度中建立行政公益诉讼制度不需要额外建立单独的法律制度规范，完全可以利用现有的法律制度资源，通过立法扩大工伤行政认定的申请主体资格，确认检察机关工伤行政认定的行政公益诉讼原告主体地位。而这种申请主体资格的扩大也将为特定群体的劳动者启动司法程序维护自身合法权利提供了可能。在检察机关的调查环节，可以直接采用工伤行政认定的推定原则，除非有相关事实予以反证。这种推定原则也将极大提升工伤行政认定的诉讼效率。

从某种意义上，在工伤行政认定法律制度下尝试引入行政公益诉讼制度，是对传统工伤行政认定制度的创新，这需要在遵循行政诉讼法行政公益诉讼基本规范的基础上，明确工伤行政认定的运行程序。同时，笔者认为这一制度的创新既要顺应国际工伤行政认定法律制度发展的趋势，又要立足于中国的现实情况，循序渐进，保持法律的相对稳定性和安定性。

三、提升工伤行政认定的行政救济效率

工伤行政认定的行政救济包括行政复议和行政诉讼，都是以行政争议为处理对象，都以纠正行政违法和恢复或补救被违法具体行政行为的受害者权益为目的。[①] 由于工伤行政认定所涉及的是受伤劳动者的人身伤害救治，其相对于其他行政争议具有更为明显的急切性。因此提高行政救济效率，在最短的时间内对劳动者权利进行救济显然尤为必要。易言之，效率在工伤

---

① 魏胜强：《法律基础》，法律出版社 2018 年版，第 119 页。

行政认定的行政救济过程中起到极为重要的作用。因此，笔者认为解决工伤行政认定争议最主要的问题实际上仍然是要克服行政救济制度本身的缺陷。毫无疑问，工伤行政认定纠纷的解决相对于一般的行政争议的救济在时限上以及效果上要求更高，否则，对于处于极度困难的申请行政救济的申请人，即劳动过程中的受伤劳动者而言，所造成的后果只能是迟来的正义即非正义。综观目前行政救济制度运行的实际情况以及在工伤行政认定纠纷过程中需要急切解决的事项来看，需要解决的问题在于统一行政复议与行政诉讼的标准，缩短审限时间，进而提高行政救济效率。

在工伤行政认定的行政救济中，行政复议制度作为一项行政系统内部的纠纷解决机制，最主要的价值是倾斜保护劳动者，而行政诉讼作为司法机关审判的方式，最主要的价值是确保司法公正。但是由于两者之间对于法律适用范围的不同，因而两者之间的矛盾冲突时而发生，导致劳动者无法在此二者之中获得最高效的解决方案。但是效率对于行政相对人的权利救济具有非常重要的意义，特别是在工伤行政认定这一特殊的纠纷领域更是如此，尽快地解决工伤的争议，确定劳动者在劳动过程中所受伤害的性质是工伤行政认定的核心要务。确定劳动过程中伤害的性质事关此后的工伤保险待遇的确定等相关事宜，对于急需医疗救治的劳动者而言显然是极为重要的环节。因而，强调工伤行政认定的效率以及在此基础上产生的工伤行政认定复议纠纷解决的效率始终是行政复议制度需要面对的最重要的制度性问题，需要从制度上加以完善。

首先，应当实现行政复议与行政诉讼之间法律适用的统一，这是提高两者一致性，提升行政救济效率的基础。由于在立法层面行政复议与行政诉讼没能就工伤行政认定的范围、标准和程序等形成认识与理解上的一致，导致矛盾性冲突的产生，从而出现了实践中的认定—撤销—再认定—再撤销的行政救济循环，致使行政相对人的权利空转。因此，笔者认为我国在工伤行政认定立法阶段应当脱离闭门造车的现状，积极与司法机关进行立法沟通，从而在工伤行政认定立法上形成行政与司法的合意。

其次，鉴于工伤行政认定的特殊性，笔者认为工伤行政认定的行政救济阶段应当构建类型化的行政复议和行政诉讼审查程序，对于工伤事实清楚、证据确凿、劳动者与用人单位权利义务明确的工伤案件，可以采取简易程序作出决定。简易程序的审理方式可以采取独任制，同时按照从速从快的原则缩短行政救济申请、受理、审理以及作出决定等时限以体现行政救济在解决工伤类纠纷方面的优势。对于案情复杂、专业技术性较强的案件应当首先通过工伤行政认定合议委员会，并纳入听证审查的范围。同时为了保障听证程序的公正与效率，合议委员会的人员必须遵循回避原则，从而保证行政复议的公正性。

结 论

自2003年《工伤保险条例》实施至今，我国的工伤行政认定法律制度建设取得了显著的进步。劳动者基本权益的保障制度越来越完善、用人单位的用工风险得到了分散，我国还逐步建立起了工伤预防机制，为未来工伤行政认定及工伤保险法律制度改革提供了实践经验。与此同时，为了完善工伤行政认定法律制度，我国各地方政府也积极地参与到工伤行政认定的立法建设中，均出台了涉及本地区的工伤行政认定的政府规章，较好地推动了工伤行政认定的功能运行。同时司法机关为了统一司法尺度也出台了众多的司法解释。但由于《工伤保险条例》除在2010年进行修订外，近十年未作出其他修订方案，导致工伤行政认定的行政执法效力明显滞后，而笔者也在近十年的工伤行政认定工作中深切感受到法律滞后对受伤劳动者及其家庭的影响愈加沉重，更有个别用人单位通过"绑架"现行的工伤行政认定法律制度，将其作为与受伤劳动者进行工伤待遇谈判的工具，这样惨痛的事例在现实中愈加突出。因此，对于工伤行政认定法律制度的改革与完善应当维护受伤劳动者基本权益，通过实现劳动者与用人单位实质平等，以达到促进工伤保险权益实现公平的价值目标，并成为工伤行政认定法律制度理论研究与实践分析的焦点所在。

工伤行政认定法律制度应当满足绝大多数劳动者的基本权益保障需求，为受伤劳动者提供可靠的权益保障，这也是工伤行政认定法律制度所具备的基本功能。要通过制度的设定与实施提升受伤劳动者的人权尊严，在对象范围方面，工伤行政认定应当面向绝大多数劳动者。对于被现行法律制度遗漏的就业群体，其在工作过程中未能得到相应的保障，必然产生对应的后顾之忧。为了免除劳动者消极的思想，进而提升劳动生产力，扩大工伤对象覆盖面成为绝大多数国家不约而同地进行工伤行政认定法律制度改革的重要原因。我国工伤保险“全覆盖”的方针也是基于此提出的。当工伤行政认定的对象范围覆盖到绝大多数劳动者时，如何通过实现劳动者与用人单位实质平等进而促进工伤保险权益的公平性，成为具有现实意义的研究课题。

现代意义上的工伤行政认定法律制度是在对受伤劳动者提供医疗救治的基础上，为劳动者和用人单位提供公平的保障服务，满足相对人的平等需求，实现工伤保险权益的公平保障。因此，工伤行政认定法律制度的设定、实施以及行政救济制度，均应将以对劳动者和用人单位的公平对待作为首要任务。帮助劳动者克服因工伤而导致的伤残、失业、歧视等的严重影响，确保用人单位在发生工伤事故后经营不受影响，使工伤行政认定法律制度成为赋予劳动者和用人单位普遍的、终身的权利保障制度。

总之，要建立健全工伤行政认定法律制度，需要以立法的形式树立权威，不断强化执法力度，实现行政程序的高效便民以及完善行政救济机制，通过整合工伤行政认定相关制度规范，统一行政主体机构，最终实现对受伤劳动者的权益维护，实现工伤行政认定公平的价值目标。也正是在这样的价值追求下，本书以工伤行政认定法律制度为中心展开研究，旨在探求工伤行政认定法律制度的创新与完善问题。总的来说，这是一个极具挑战的选题，不仅涉及宪法、行政法、社会法等法律范畴，同时也要求对医疗专业知识有着较高的认知程度。所以对工伤行政认定法律制度中诸多琐碎问题的解决不能在一本专著中完全解决，随着工伤行政认定实践的发展，在实践中必然会暴露出更多的问题，对这些问题的研究有待于理论与实践的进一步深化，这也需要社会各方面共同协助研究。

参考文献

一、中文文献

（一）专著类

1. 北京社会保险干部培训中心编译:《国际劳工局与劳动部社会保险培训班外国专家讲稿: 失业、医疗、工伤保险》, 中国劳动出版社 1992 年版。

2. 陈宝生:《全面建成小康社会: 凝聚全民最大公约数》, 党建读物出版社 2017 年版。

3. 陈刚:《工伤保险》, 中国劳动社会保障出版社 2005 年版。

4. 程琥:《前沿问题审判实务——工伤保险》, 中国法制出版社 2014 年版。

5. 程同顺等:《新时代大国治理》, 长江出版传媒、湖北教育出版社 2018 年版。

6. 丁建宏:《德国通史》, 上海社会科学院出版社 2012 年版。

7. 杜欣宜:《“一带一路”战略下的行政体制改革》, 载《“一带一路”战略与区域司法保障》, 法律出版社 2016 年版。

8. 冯秋菊:《工伤认定与索赔计算标准》, 中国政法大学出版社 2017 年版。

9.《工人日报》工会工作部:《国际劳工组织与劳工公约知识读本》, 中国工人出版社 2002 年版。

10. 何君、田源:《侵权赔偿纠纷裁判思路与裁判规则》, 法律出版社

2017 年版。

11. 贺新元:《道路——新时代中国特色社会主义道路》，人民日报出版社 2018 年版。

12. 黎建飞:《最新工伤保险条例热点、难点、疑点问题全解》，中国法制出版社 2011 年版。

13. 李雄:《劳动法理论与实务——热点难点问题研究》，法律出版社 2016 年版。

14. 刘青、杨东升:《严格执法：政府是如何执行法律的》，法律出版社 2017 年版。

15. 刘小冰、宋瑞龙:《科学立法：法律是如何产生的》，法律出版社 2017 年版。

16. 吕一民:《法国通史》，上海社会科学院出版社 2012 年版。

17. 姜明安:《行政法与行政诉讼法》，北京大学出版社 2005 年版。

18. 江平:《法治必胜》，法律出版社 2016 年版。

19. 宋艳慧:《工伤保险判例教程》，知识产权出版社 2017 年版。

20. 孙浩:《社会保险法讲座》，中国法制出版社 2011 年版。

21. 孙树菡:《工伤保险》，中国劳动社会保障出版社 2007 年版。

22. 王全兴:《劳动法学》，高等教育出版社 2004 年版。

23. 王章辉:《英国经济史》，中国社会科学出版社 2013 年版。

24. 魏胜强:《法律基础》，法律出版社 2018 年版。

25. 谢晖:《法学范畴的矛盾辩思》，法律出版社 2017 年版。

26. 徐康平:《劳动工伤事故保险与损害赔偿》，人民法院出版社 2002 年版。

27. 杨科雄:《最新工伤认定规则与适用》，法律出版社 2015 年版。

28. 杨曙光:《工伤行政确认研究》，法律出版社 2016 年版。

29. 杨紫煊:《经济法》，北京大学出版社 1999 年版。

30. 衣家奇、姚华、徐蕾:《公正司法：司法是如何运行的》，法律出版社 2017 年版。

31. 张杰：《规范性文件管理制度研究》，法律出版社 2017 年版。

32. 张文显等：《全面依法治国：迈向国家治理新境界》，党建读物出版社 2017 年版。

33. 张治宇、杨彬权、张琳：《全面守法：为什么要遵守以及如何遵守法律》，法律出版社 2017 年版。

34. 郑尚元、扈春海：《社会保险法总论》，清华大学出版社 2018 年版。

35. 郑尚元：《工伤保险法律制度研究》，北京大学出版社 2004 年版。

36. 朱崇实：《社会保障法》，夏门大学出版社 2004 年版。

37. 庄红胜、刘志新：《伤残鉴定与劳动事故》，人民法院出版社 1997 年版。

（二）译著类

1.〔德〕奥托·迈耶：《德国行政法》，刘飞译，商务印书馆 2002 年版。

2.〔德〕哈特穆特·毛雷尔：《行政法学总论》，高家伟译，法律出版社 2000 年版。

3.〔英〕亚当·斯密：《国富论》，唐日松等译，商务印书馆 2005 年版。

4.〔德〕克卢格：《法律逻辑》，雷磊译，法律出版社 2015 年版。

5.〔法〕弗朗西斯·凯斯勒：《法国社会保障制度》，于秀丽、李之群译，中国劳动社会保障出版社 2016 年版。

6.〔法〕孟德斯鸠：《论法的精神》，张雁深译，商务印书馆 1997 年版。

7.〔美〕道德拉斯·C. 诺斯：《制度、制度变迁与经济绩效》，杭行译，格致出版社 2014 年版。

8.〔美〕丹尼尔·埃斯蒂：《超国家空间中的善治：全球行政法》，林泰译，法律出版社 2018 年版。

9.〔美〕凡勃伦：《有闲阶级论：关于制度的经济研究》，蔡受百译，商务印书馆 2004 年版。

10.〔古希腊〕亚里士多德：《政治学》，吴寿彭译，商务印书馆 1965 年版。

11.〔英〕贝弗里奇：《贝弗里奇报告——社会保险和相关服务》，劳动和社会保障部社会保险研究所组织译，中国劳动社会保障出版社 2008 年版。

12.〔英〕霍恩比：《牛津高阶英汉双解词典》，商务出版社、牛津大学出版社（中国）有限公司 2017 年版。

（三）期刊论文类

1. 曹艳春、马玉宝、闻德生：《我国工伤认定一般原则研究》，载《燕山大学学报（哲学社会科学版）》2010 年第 1 期。

2. 陈国林：《工伤认定中的“三工”问题探讨》，载《人力资源开发》2017 年第 17 期。

3. 陈蕾：《国外工伤保险制度比较与借鉴》，载《国外医学卫生经济分册》2017 年第 3 期。

4. 崔巍、宋锦生：《工伤认定中若干法律问题探讨》，载《行政法学研究》2005 年第 2 期。

5. 戴志良：《职工在工作场所外受伤的工伤认定中用人单位举证责任探讨》，载《法制与经济》2017 年第 10 期。

6.〔德〕克劳斯·奥菲：《劳动力市场和不平等》，谢静译，载《学术交流》2016 年第 9 期。

7. 董钦臣：《工伤认定概念研究》，载《人民司法》2016 年第 4 期。

8. 杜强强：《论合宪性解释的法律对话功能——以工伤认定为中心》，载《法商研究》2018 年第 1 期。

9. 段克文：《雇佣关系之法律实务分析》，载《现代商业》2016 年第 19 期。

10. 郭丹丹：《雇佣关系的法律调整》，载《华中师范大学研究生学报》2009 年第 2 期。

11. 胡炳志、张颖：《论完善中国工伤认定制度》，载《社会保障研究》2010 年第 4 期。

12. 胡卫列：《论行政公益诉讼制度的建构》，载《行政法学研究》2012 年第 2 期。

13. 黄先:《论工伤认定中的工作原因》, 载《企业技术开发》2014 年第 7 期。

14. 黄月华:《工伤认定的基本原则与标准探析》, 载《南京工业大学学报(社会科学版)》2002 年 4 月。

15. 季金华:《法治信仰的意义阐释》, 载《金陵法律评论》2015 年春季卷。

16. 江流:《村委会成员在履行职务中突发疾病死亡可否受理工伤认定?》, 载《中国医疗保险》2018 年第 1 期。

17. 靳业葳:《新乡贤组织的制度设置与治理机制创新》, 载《财经问题研究》2017 年第 10 期。

18. 荆月新:《略论规范性文件的监督立法》, 载《云南行政学院学报》2004 年第 4 期。

19. 孔德生、丛建伟、张萍:《"完整的人"与人的本质的全面实现——马克思人的本质理论的终极指向及其实践意义》, 载《理论探讨》2012 年第 6 期。

20. 李步云:《论人权的三种形态》, 载《法学研究》1991 年第 4 期。

21. 李海明:《依"48 小时条款"之病亡的工伤定性》, 载《法学》2016 年第 10 期。

22. 李娟、罗自刚、汤雯:《行政主体理论的缺陷与完善》, 载《理论探索》2010 年第 5 期。

23. 李幸:《工伤认定中工作场所与工作原因之判定——以〈工伤保险条例〉第十四条第(二)项为视角》, 载《劳动保障世界》2017 年第 23 期。

24. 李月月:《工伤保险伤残待遇国际比较——以德国、英国、美国、日本和中国为例》, 载《天津商业大学学报》2017 年第 4 期。

25. 刘文华:《社会保险法治化政策研究专题: 工伤认定制度与实践》, 载《中国劳动》2018 年第 3 期。

26. 卢祖新、龚海南:《对工伤救济程序的反思》, 载《人民司法》2012 年第 1 期。

27. 莫湘益:《工伤认定范围探究》，载《北京计划劳动管理干部学院学报》2003 年第 4 期。

28. 彭扬、郑全新:《关于行政立法以外的其他规范性文件监督的思考》，载《行政论坛》2004 年 1 月。

29. 彭中礼:《法律渊源词义考》，载《法学研究》2006 年第 2 期。

30. 邱炜、彭伟:《126 家基层医疗机构医院感染的现状及监督管理》，载《中国卫生产业》2018 年第 5 期。

31. 阮春新:《劳动关系和雇佣关系的法律适用比较分析》，载《产业与科技论坛》2014 年第 1 期。

32. 石孝军:《日本工伤保险制度概览》，载《中国社会保障》2007 年第 2 期。

33. 司洪玉博:《富士康管理事件行为分析》，载《经济研究导刊》2011 年第 19 期。

34. 孙树菡、余飞跃:《构建科学的工伤保险预防机制》，载《中国社会保障》2007 年第 3 期。

35. 孙树菡、张思园:《工伤保险的历史沿革》，载《劳动保障通讯》2003 年第 6 期。

36. 唐震:《再论行政协助概念之界定》，载《东方法学》2012 年第 4 期。

37. 王丽:《工伤认定应遵循的原则》，载《社会保障》2008 年第 4 期。

38. 王荣、吴碧虹:《历史演进视角下工伤保险制度的路径选择分析》，载《净月学刊》2016 年第 3 期。

39. 王世涛、靳业葳:《税收的价值选择: 以道德价值为基础》，载《社会科学辑刊》2017 年总第 203 期。

40. 王天华:《行政委托与公权力行使》，载《行政法学研究》2008 年第 4 期。

41. 吴大明:《国外工伤保险事故预防机制概况与借鉴》，载《中国安全生产》2017 年第 10 期。

42. 吴琳、李明:《如何认定“因工作原因受到事故伤害”》，载《中国劳动》2012 年第 12 期。

43. 吴小娟:《论我国工伤认定不足与完善》，载《新型城镇化进程中的法律问题研究——第十届中部崛起法治论坛论文集》2017 年。

44. 夏群佩、陈锦峰:《如何认定 48 小时内抢救无效死亡为工伤》，载《中国劳动》2014 年第 4 期。

45. 谢咸民、刘杰:《工伤认定应遵循的基本理念和原则》，载《山东人力资源和社会保障杂志》2007 年第 9 期。

46. 杨海坤、朱恒顺:《行政复议的理念调整与制度完善——事关我国〈行政复议法〉及相关法律的重要修改》，载《法学评论》2014 年第 4 期。

47. 杨海坤、章志远:《行政法律关系基本理论问题探析》，载《河南省政法管理干部学院学报》2004 年第 1 期。

48. 杨红:《被监察者的权利及其保障研究》，载《行政法学研究》2017 年第 6 期。

49. 杨洪源:《美国工伤赔偿处理程序——与中国大陆和香港地区工伤赔偿处理程序比较》，载《中国劳动》2009 年第 9 期。

50. 杨曙光:《试论工伤认定中“工作场所”的涵义》，载《法学杂志》2010 年第 2 期。

51. 于欣华:《美国工伤保险制度》，载《现代职业安全》2010 年总第 107 期。

52. 庄杰、徐顽强:《公共行政学视阈下的上下级关系论析》，载《公共行政与人力资源》2012 年第 5 期。

53. 张峰振:《论不当行政行为救济途径》，载《理论与改革》2014 年第 6 期。

54. 张兰英:《劳动关系制度研究》，载《中国市场》2007 年第 48 期。

55. 张壤:《行政复议与行政诉讼的比较分析》，载《职工法律天地》2015 年第 6 期。

56. 张盈盈、罗筱媛:《日本工伤保险制度概述》, 载《劳动保障世界》2011 年第 9 期。

57. 赵正群:《中国知情权保障与信息公开制度的发展进程》, 载《南开学报(哲学社会科学版)》2011 年第 2 期。

58. 郑玮芳:《辨析工伤认定申请时限》, 载《中国医疗保险》2015 年第 7 期。

59. 周超:《中国安全发展历史回顾(一)》, 载《劳动保护》2008 年第 1 期。

60. 周超:《中国安全发展历史回顾(二)》, 载《劳动保护》2008 年第 2 期。

61. 周嘉:《浅谈抑郁症》, 载《医学信息》2010 年 11 月第 23 卷第 11 期。

62. 朱素蓉、卢伟、戴云等:《职业病预防与工伤保险》, 载《环境与职业医学》2014 年第 2 期。

二、外文文献

(一)著作类

1. Chris Williams, *Private Versus State Systems for Industrial Accidents and Invalidity Insurance in the U.K. Basingstoke*, The Geneva Papers on Risk and Insurance, 1997.

2. Craig Forcese, Aaron Freeman, *The Laws of Government*, Irwin Law Inc, 2011.

3. Eveiyn Kallen, *Ethnicity and Human Rights in Canada*, Oxford University Press, 1995.

4. Gayla Reid, *Workplace Bullying & Harassment*, People's Law School, BC, 2014.

5. H.W.Jones, *Billdrafting Services in Congress and the State Legislatures*, Harvard Law Review, 1952.

6. Lewis N.Klar, Q.C, *Tort law*, Thomson Reuters Canada Limited, 2012.

7. Milton Meltzer, *The human rights book*, McGraw-Hill Ryerson Ltd, 1979.

8. Steven Bittle, *Still dying for a living: Corporate Criminal Liability after the Westray Mine Disaster*, UBC Press, 2012.

9. W.L.White, R.H.Wagenberg, R.C.Nelson, *Introduction to Canadian politics and government*, Harcourt Brace & Company Canada, Ltd, 1994.

（二）论文类

1. "A critical survey, The Beveridge plan, The Round Table", *The Commonwealth Journal of International Affairs*, 33 (130), 1943.

2. Bill Braithwaite, "Personal Injury Lawyer's Ethics", *Legal Ethics*, 6 (1), 2003.

3. Don D. Lescohier, "Industrial Accidents, Employer's Liability, and Workmen's Compensation in Minnesota", *Publications of the American Statistical Association*, 12 (94), 1911.

4. "European Commission", *European Statistics on Accidents at Work (ESAW)*, (2001).

5. Gerdes DA, "Worker's compensation, an overview for physicians", *South Dakota Journal of medicine*, 7, 1999.

6. Jukka Takala, Päivi Hämäläinen, Kaija Leena Saarela..., "Global Estimates of the Burden of Injury and Illness at Work in 2012", *Journal of Occupational and Environmental Hygiene*, 11 (5), 2014.

7. KPMG LLP, WSIB Adjudication & Claims Administration (ACA) Program Value for Money Audit Report (2011).

8. May Sudhinaraset & Robert William Blum, "The Unique Developmental Considerations of Youth-Related Work Injuries", *International Journal of Occupational and Environmental Health*, 16 (2), 2010.

9. Michael Quinlan, "Precarious and hazardous work: the health and safety of

merchant seamen 1815—1935", *Social History*, 38（3）, 2013.

10. MikeMantin, "Coalmining and the National Scheme for Disabled Ex–Servicemen after the First World War", *Social History*, 41（2）, 2016.

11. R. Higgens–Evenson, "From Industrial Police to Workmen's Compensation: Public Policy and Industrial Accidents in New York, 1880—1910", *Labor History*, 39（4）, 1998.

12. Richard Abel, "What else is sociology of law? Reflection on John Griffiths's What is sociology of law?", *The Journal of Legal Pluralism and Unofficial Law*, 49（3）, 2017.

13. Richard Gillespie, "Accounting for lead poisoning: The medical politics of occupational health", *Social History*, 15（3）, 1990.

14. Ronan Cormacain, "Legislation, legislative drafting and the rule of law", *The Theory and Practice of Legislation*, 5（2）, 2017.

15. Roy Lubove, "Workmen's compensation and the prerogatives of voluntarism", *Labor History*, 8（3）, 1967.

16. S. A. Thomas, C. J. Browning & K. M. Greenwood, "Rehabilitation of older injured workers", *Disability and Rehabilitation*, 16（3）, 1994.

17. Sasha Holley, Louise Thornthwaite, Sharron O'Neill & Ray Markey, "Reforming a complex system: the case of NSW workers' compensation and return to work", *Labour & Industry: a journal of the social and economic relations of work*, 25（2）, 2015.

三、学位论文

1. 段丽娟:《行政执法手段研究》，河南大学 2011 年硕士学位论文。

2. 郭悦:《论工伤认定法律制度的科学化》，中国政法大学 2009 年硕士学位论文。

3. 李叶:《我国工伤认定存在的问题及对策研究》，山西大学 2011 年硕士学位论文。

4. 金剑:《中日工伤保险制度比较研究》，首都经济贸易大学 2013 年硕士学位论文。

5. 王冬青:《工伤认定与劳动仲裁对劳动关系确认的冲突分析》，西北大学 2015 年硕士学位论文。

6. 游杰:《工伤认定法律问题研究》，南昌大学 2009 年硕士学位论文。

四、报刊文献

1. 李红:《将行政复议制度定性为准司法行为》，载《河南法制报》2010 年 5 月 18 日第 7 版。

2. 罗元辉、李云喜、刘丹:《将 PPP 模式融入补充工伤保险制度》，载《中国保险报》2017 年 6 月 16 日第 2 版。

3. 江必新:《论公益诉讼的价值及其建构》，载《人民法院报》2009 年 10 月 29 日第 5 版。

4. 马永欣、李涛、杨科雄:《〈最高人民法院关于审理工伤保险行政案件若干问题的规定〉的理解与适用》，载《人民法院报》2014 年 8 月 21 日第 4 版。

5. 曾照旭、李圣阳:《职工公私兼顾外出期间伤亡的工伤认定》，载《人民法院报》2014 年 2 月 27 日第 7 版。

6. 朱剑宇、奚利强:《美国工伤制度的特点》，载《人民法院报》2011 年 4 月 29 日第 8 版。

五、电子文献

1.International Labour Organization：Safety and health at work，http：//www.

ilo.org/global/topics/safety-and-health-at-work/lang-en/index.htm，最后访问日期：2018 年 8 月 18 日。

2. 龙海腾：《无工伤部门的工伤认定，法院可否直接认定工伤》，韶山法院网，http：//sssfy.chinacourt.org/public/detail.php?id=1228，最后访问日期：2018 年 4 月 28 日。

3.United States Department of Labor：Timeline of OSHA's 40 Year History，https：//www.osha.gov/osha40/timeline.html，最后访问日期：2018 年 7 月 22 日。

4 孙立凡：《杨春梅、周冬山等与东莞市社会保障局劳动和社会保障行政管理二审行政判决书》，http：//www.51djl.com/document/0/2/378/4d88c304-f404-426a-9c6a-f594a9734e19.html，最后访问日期：2018 年 5 月 4 日。

5.《研究发现：消防员患癌症机率比一般人高》，中国新闻网，http：//www.chinanews.com/hr/2018/04-27/8501568.shtml，最后访问日期：2018 年 5 月 12 日。